U0275012

创业行

如何培养创业者？
清华大学"创办新企业"课程实践

张帏　张金生　等◎著

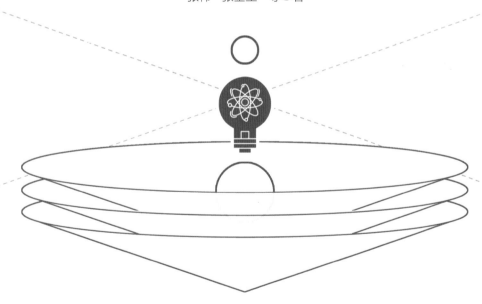

CULTIVATING ENTREPRENEURS

Insights from Tsinghua University's
New Venture Creation Course

清华大学出版社
北　京

内 容 简 介

本书是一本关于创业教育和创业者成长的书。它介绍了被中关村科技园区管委会命名为"中关村（清华）梦想课堂"的清华大学研究生课程"创办新企业"，阐述了清华大学经济管理学院和清华科技园联合教师团队如何通过产教融合和学科交叉开展研究生创业教育的创新实践，旨在为开展创业教育的高校教师提供参考。本书还通过 18 个案例，讲述了课程校友创办企业的故事，揭示了他们成长为优秀创业者的历程，以及创业中的人、技术、资源、市场和战略等多种因素如何相互作用，希望对创业者有所启迪。

图书在版编目（CIP）数据

创业行：如何培养创业者？清华大学"创办新企业"课程实践 / 张帏等著 .
北京：清华大学出版社，2025. 1.
ISBN 978-7-302-67984-4

Ⅰ. G647.38

中国国家版本馆 CIP 数据核字第 2025VM3491 号

责任编辑：高晓蔚
封面设计：汉风唐韵
版式设计：方加青
责任校对：王荣静
责任印制：沈　露

出版发行：清华大学出版社
　　　　　网　　　址：https://www.tup.com.cn，https://www.wqxuetang.com
　　　　　地　　　址：北京清华大学学研大厦 A 座　　　　邮　　编：100084
　　　　　社 总 机：010-83470000　　　　　　　　　　邮　　购：010-62786544
　　　　　投稿与读者服务：010-62776969，c-service@tup.tsinghua.edu.cn
　　　　　质 量 反 馈：010-62772015，zhiliang@tup.tsinghua.edu.cn
印 装 者：小森印刷（北京）有限公司
经　　销：全国新华书店
开　　本：185mm×245mm　　　　印　　张：13.25　　　字　　数：238 千字
版　　次：2025 年 1 月第 1 版　　印　　次：2025 年 1 月第 1 次印刷
定　　价：88.00 元

产品编号：107615-01

做一个有趣的创业者

创业，通常是一个充满艰辛的过程，但也可以是一个充满快乐的过程。一个有趣的创业者，会在创业中享受快乐！

有趣的创业者有什么特征呢？

理想

有趣的创业者，肯定是要有理想、有情怀、有责任心、有进取心的。理想和责任是支撑创业长久的最重要的因素。

热爱

对自己的创业项目由衷地喜爱，即使面对挫折，也热情不减。正是因为热爱，才不容易被困难击倒。

好奇

热爱生活、充满激情、富有好奇心和想象力，这样才能在创业中更好地创新。

幽默

风趣的几句话，可以使工作氛围轻松愉快。在这种氛围之下，团队会更和谐，每个人都会创造性地工作。欢歌笑语，效率倍增。

利他

幸福最大的定义其实是"利他"，other people matter。创业者要站在多维的角度想问题：股东的角度、团队的角度、合作伙伴的角度、投资人的角度、客户的角度，等等。这个世界，几乎就没有自己一个人赢的事情，唯有利他，才能双赢，才能多赢，才能幸福！

有趣，又能给我们的创业带来什么呢？

魅力

有趣的创业者，富有魅力，充满阳光，浑身上下散发着正能量，拥有良好的人际关系，大家都愿意和他共事、和他合作。而这一点，正是获得成功的一个先决条件。

抗压

遇到压力不可避免，我们甚至没有把压力变小的能力。但是，压力传导给我们的压感，却是因人而异。一个无趣的人，碰到压力，会怨天尤人，这时候，他身上的压感会远远大于压力，原有的能力也大幅衰减。反之，对于有趣的人，压力一来，他反而亢奋，觉得机会来了，可以施展才能，可以享受挑战。这时候，压感很小，远远小于压力本身。同时，他们不会因为一时的失败而气馁，而是从中吸取教训，不断提升自己。有趣的创业者更能抗压。抗压，也是创业成功的另一个先决条件。

创新

前面说到，有趣的创业者有好奇心、有想象力，他们有力量、有激情，他们更快乐。有趣，能激发潜在的创造性。这些特质，使他们奇思妙想，异想天开，比常人更善于创新。

所以，有趣的创业者创业更容易成功！

有趣，是我们的伙伴，伴随我们创新创业，伴随我们成长成功。

有趣，是我们的灵魂，使我们永远乐观地看到明天、看到希望！

让我们用有趣的心灵去热爱创业、享受创业，来一场有趣的创业吧！

梅萌

2024年教师节

老师说

把课程建设为培育创业人才的优质果园

2011年是清华历史上的重要年份，这一年，清华大学迎来百年校庆。"创办新企业"课程在2011年春季学期正式开课。虽然"创办新企业"是第一次开课，但对于清华经管学院和清华科技园来说却不是第一次开设同类课程。在20世纪90年代，清华经管学院就开设创新创业类课程。因此，"创办新企业"课程并不是从零开始的课程，而是在十多年的教学和科研积累基础上开设的课程。对于清华科技园来说，作为全球知名的科技园和当时全国唯一的A类大学科技园，其成立于1994年，在推动科技转化、大学生创业等方面已经积累了很丰富的经验，取得了显著成效。开设本课程时，时任清华科技园主任的梅萌教授已经在清华大学为学生教授创业课程多年。

当时，中国高等学校给高校学生开设创业课程主要有两种方式。一种是创业实训性质的课程，关注创办企业过程的实际问题，甚至教学生如何注册公司、在模拟的创业公司中熟悉业务及部门等，类似于"创业最后一公里"的热身课程。这类课程缺乏对学生解决创业过程中关键能力的培养，而且学生在上课时并没有经历过创业过程，没有遇到过创业的真实问题，缺乏切身感受，培养不出扎实的创业能力。另一种是创业基础课，属于必修通识课，有的大学要求在校生必修。学生主要是在课堂学习了解创业过程和与之相关的理论和方法，与创业实践基本是脱离的。

我们在开设"创办新企业"课程时，十分清楚当时创业课程对指导创业的局限性，知道应该开设一门什么样的创业教育课程。我们的课程必须解决理论联系实际的问题，把创业课程办成知行合一、融合共进的课程，让学生通过该课程培育真正的企业家精神，形成正确的创业认知，有综合能力和宽阔视野，能应对创业过程中的问题和挑战，在竞争中脱颖而出。

"创办新企业"是清华经管学院与清华科技园合作开设的学分课程。这门课程的鲜明特色表现在其师资团队、教学组织形式以及课程学习选拔和结课方式上。

在师资团队方面，我们构建了理论与实践结合的联合教师和助教团队。清华科技园方面的授课团队成员包括受聘担任清华经管学院课程教授的清华科技园主任梅萌教授，受聘为清华经管课程教授的清控集团副总裁、清控资管集团总裁、清控银杏创投创始合伙人雷霖博士、启迪控股执行总裁、启迪之星董事长张金生博士和清控银杏创投的董事总经理田雨博士。清华经管学院方面的授课老师包括创新创业与战略系的高建教授和张帏教授。时任清华科技园副主任罗建北老师也是课程的共同创立者，她在辅导学生创业方面有着十分丰富的经验和科学认知，在退休之前一直参与其中。

在课程组织方式上，本课程探索出创业课程的理论与实践融合共进模式。请业界嘉宾进入课堂并不是新鲜事情。业界嘉宾能把最佳实践带到课堂，与学生分享实践真知。不过，这种方式邀请的嘉宾通常是临时特邀的，不是常态化参与，虽然也有针对性，但缺乏与课程的深度绑定和与学生的深入接触，对课程和学生的了解是有限的。"创办新企业"课程则不同，来自清华科技园的教师既是课程的共同申请者和设计者，又是课程的授课者和学生的指导者。我们几位任课教授合作非常稳定，形成了长期的合作关系，一起设计课程、讲授课程、指导学生、开展课中和课后活动，跟踪创业团队进展等。这样深度长期参加一门课程的业界教师是极为难得的。因此，"创办新企业"课程建立起的"教师+"团队是高校创业教育中的成功探索。

"创办新企业"课程的选课学生规模并非很大，但教学团队在该课程的投入远高于同类课程。任课教师除了做好课上教学，还有课下任务。"创办新企业"具有很强的学以致用、用以治学的特点。课下的实践学习是课程的重要组成部分。在新冠疫情之前，任课教师会组织学生社群活动，邀请创业生态体系的赋能者与任课教师一起为学生答疑解惑和为创业支招，提供认知和资源网络上的帮助。而在平时，同学们课下和任课教师，尤其是和清华科技园的教师团队联系，探讨和获得在创业孵化、创业投资、团队建设、产品开发等方面的一线经验和对创业实践的深刻洞察。

课程的首次课是诊断课，最后一次是答辩课，都需要分组进行。参与诊断评审的不仅是教师，还有若干投资人和企业家，很多评委参与课程的进程。助教团队不同于一般课程，承担了课前、课初、课中、课终、课后和课群的组织、协调和管理工作，由来自清华科技园和清华经管学院的近10人组成，承担大量的辅助工作。在这个过程中，清华科技园还给予了特别多的支持。

创业是在缺乏资源的情况下追逐机会。创业者能不能把握机会存在不确定性，而且创业成功的概率不高。但创业需要资源是确定的，创业者在创业时常常不具备所需资源甚至找不到获取资源之处。清华科技园、启迪之星、清控资本等为学生获取资源、整合资源、进入资源网络等方面提供了不间断和无条件的帮助。

本课程在学生选课方式上采用了先选拔再选课入课的方式。进行改变的原因是，本课程面向已经有创业项目的清华学生，旨在指导那些在创业路上的学生提高创业团队的整体认知和能力。对于已经创业的团队，他们所需要的不是创新创业知识的ABC，而是ABC之后的专业、专题和专项知识和技能，是更系统、更深入和更细致的解决方案和可行之策。改变学生加入本课程的方式，适应了本课程的设立宗旨。

本课程结课后，课程与学生的联系并没有结束。创业是一个从零开始，不断发展壮大的过程。创业者永远在路上。与其他课程不同，本课程结束后，学生会自动留在课程社群中，能够参与未来课程的所有课下活动和获得课程的各种机会。到2024年春季学期完成了第14期课程的教学任务后，我们课程培养了近300个学生创业团队。这些团队及其成员与课程保持联系。课程也能继续服务于所有的课程校友。

通过本课程培育塑造高质量的创业人才是我们这些任课教师一直以来的追求。我们把课程建设成培育创业人才的优质果园，培育出的高质量学生是果园中结出的丰硕果实。"老师说"不是回忆录，但却需要从头说起。了解了开设"创办新企业"的初心，我们才知道这门课程为什么会与众不同。

高建

2024年9月10日

写于清华经管学院李华楼

著者说

忆往昔，看今朝——"创办新企业"课程的渊源、赋能与思政

"创办新企业"课程自2011年开设以来，我们收获了很多的感动；课程校友中也的确涌现出了不少优秀的创业者。编写《创业行》，是答谢，是总结和反思，更是引领和启发。在此，我有必要先简略回顾一下我和清华创业教育的缘分，再结合这门课程谈一下我们的思考。

2000年，导师姜彦福教授委派我这个博士生担任清华大学创业计划大赛评委，这件事开始把我和清华大学创业教育联系到了一起。2003年，我刚刚毕业留校任教一年多，就指导瑞福团队参加在新加坡举办的首届全球创业大赛，并获得第四名，《新清华》头版报道。这正式开启了我指导清华学生参加国内外创业大赛的历程。2004年，清华经管学院先后派高建老师和我去斯坦福商学院做访问学者。斯坦福大学和产业界的互动密切，创业教育搞得非常好，斯坦福出了很多知名创业企业家。受到斯坦福大学的启发，我觉得清华也有可能通过产教融合开展创业研究和教育，帮助清华培养出更多优秀的创业企业家。从某种意义上说，这就成了我人生的一个理想。

2006年，清华科技园方面主动找到清华经管学院老师，希望联合开设清华研究生创业课程。双方有共同的意愿和诚意，因此一拍即合，2007年春季，"创业机会识别和商业计划"正式开课，这是一门面向全校各院系研究生的普及型创业素质课程，并且优先理工科学生。2011年春季，我们又进一步开设了提高班"创办新企业"，这是一门创业实践课程，面向那些有真实创业项目和创业意愿的全校研究生。高建老师在前面已经具体介绍了这门课的模式和特点，我想从其他角度谈一下我们的观察和思考。

在开设"创办新企业"课程之前，我作为主教练多次指导清华学生团队在国内外重要创业大赛上获奖，包括2009年在伯克利大学获得第5届Intel-Berkeley全球科技创业挑战赛冠军——这是亚洲大学首次在该国际大赛上夺冠。这些项目都是基于科技创新

的创业项目，很有希望进一步落地推进，但由于种种原因，这些项目团队大多没有去创业。其主要原因是，项目团队自身虽然拥有技术能力，但资源匮乏；而且当时清华还缺乏年轻校友创业成功的案例，因此，这些项目团队认为创业风险实在太大。

"创办新企业"课程的成功开设，有效地缓解了上述问题。教师团队通过产教融合，不仅在知识、能力和价值观三方面为那些入选项目团队赋能，还实实在在为其提供各种资源（包括直接资源和通过生态赋能）；并且，课程在很大程度上为那些有潜力的项目团队在进行早期股权融资和外部合作等方面提供了"背书"。通常，社会人士对刚毕业的学生创业团队会持很大的怀疑态度："你们这帮人行吗？"上了我们课程的同学就会告诉他们："我们上过清华经管学院和清华科技园的'创办新企业'课程。"那些关注过我们课程的投资者和外部资源拥有者更可能认为，这种创业项目团队相对比较靠谱。用管理学的专业术语来说，这种团队的创业有"正当性"。这些都大大提高了课程项目团队去创业的勇气和决心。因此，课程校友毕业后创业的比例比较高，且超过55个项目团队获得了股权投资；其中涌现出一批科技领军创业企业的创始人，包括多家独角兽企业的创始人。

在"创办新企业"课程建设过程中，我们探索出了一套独特的创业教育课程思政方法。

第一，鼓励学生顺大势、立大志、创伟业。受限于视野和经验，学生创业常常会简单跟风，过多看重眼前利益。我们会鼓励他们放眼更广阔的世界，着眼国家乃至全球的重要需求和最新科技发展趋势，结合自身和清华的优势，开展基于创新的创业，力争走在行业前列。我们的鼓励和支持让学生们更有动力，也有更大的抱负。前些年，在AI热潮刚刚开始的时候，我们课程学生就相当敏锐，他们把AI技术和相关领域结合进行创新，而不是简单地跟随。例如，课程校友黄耀同学创建了阿丘科技，在工业AI这个领域做得相当不错；课程校友武彬创建了极睿科技，在AI电商行业解决方案领域成为领先企业。在其他重要领域，课程校友也表现出色，例如，在智能家电领域，课程校友俞浩创建了追觅科技；在癌症治疗的新技术领域，课程校友何霆等创建了艺妙神州；在生物合成领域，课程校友李腾等发起创建了蓝晶微生物。何霆和李腾入选了《麻省理工科技评论》（*MIT Technology Review*）年度"中国科技青年英雄"榜单；他们和俞浩均入选《财富》"中国40位40岁以下的商界精英"榜单。上述创业者都是毕业前就探索创业，研究生毕业后即全时投入创业。

第二，课程提倡对学习成果的实事求是，即证实和证伪都很重要。我们鼓励同学通过客观分析自己的创业想法/项目，深入思考自己的职业选择。我们强调，学习的过程比结果对学生更重要。由于创业本身具有不确定性，同学们在推进创业项目的过程中，经过探索，很可能会发现这个项目不合适。有的项目则明显是因为学生没有经验而被误判，他们觉得很好，但实际上项目是没有什么前景的。这时候，我们教师团队就会直接建议他们放弃这个项目，这样他们就可以投身更有意义的项目。不过，对一些同学来说，在期中后再改项目比较难，怎么办？我们教师团队想到一个解决办法，要求他们在期末课程答辩中告诉答辩评委这个创业项目为什么不可行，他们要把这个逻辑分析清楚。我们教师团队认为，做好证伪也是一种成绩。

第三，从学术理论和实践经验两个维度做好学生的工作。创业项目在发展过程中有不确定性，对于创业者来说，股权怎么分配，权责怎么划分，创业团队成员就项目的发展方向出现分歧和矛盾怎么处理，这些都是实际问题。2014年，有一次，我向当时的校领导汇报相关工作，这位校领导微笑着对我说："我们当老师，搞教育，首先就是要把人的思想工作做好，否则，业务上的东西常常就不好推动。"后来，我们结合我们的创业教育探索形成如下认知：我们做的不是传统意义的思想政治工作，而是要把学术研究成果、实践经验和具体的创业项目结合起来，让同学们更好地理解其行动背后应有的逻辑和规律。毕竟，他们大都是第一次探索创业，他们不懂这里面会有很多"坑"，我们有必要把这些底层逻辑和规律告诉他们，这是非常有价值的。

第四，教师持续关心和支持课程同学的发展。在这个创业课程中，同学的创业项目好，我们在战略上支持他们；创业项目遇到挫折或失败了，我们就鼓励他们，跟他们讨论，帮助他们调整；如果项目团队的创业条件明显不成熟，我们就建议他们不要急于创业，可以先加入有前景的创业企业或先就业，等时机相对成熟后再创业。课程同学和校友们经常来找我们咨询或寻求其他帮助。老师们也主动了解或直接去课程校友创建的企业看看，给他们鼓励，了解他们遇到的困难，给予一些具体帮助，并长期跟踪企业发展。我们还创建了课程的"创业行"社区，让我们的课程校友能够薪火相传。不同年级和背景的课程校友在相互交流过程中，除了共同分享经验教训外，还可以看看业务上是否有一些联系，能不能一起抱团取暖、相互合作。

最后，我们要感谢为课程作出贡献的很多人，包括各位教师、助教和课程嘉宾，更要感谢历届同学们的支持和厚爱！开课十几年来，我们课程教师组一直精诚合作，发挥各自所长。其中要特别提到清华科技园的创始人梅萌老师，作为课程的共同发起人，梅老师投入了大量的时间、精力和热情。这是他对清华大学的热爱，更体现了他对培养新一代创业企业家的热情。梅萌老师还是一个很有"乐商"的领导者，他为我们课程带来了很多活力。

预祝"创办新企业"课程越办越好！

张帏

写于2024年重阳节

前　言

2023年5月30日晚，"创办新企业"课程在清华大学经济管理学院建华楼举办了一场盛大的活动：创业行（háng）峰会——全校研究生选修课程"创办新企业"年度活动。活动围绕课程，共设置"课缘""课述""课导""课籍""课论""课坛""课约""课凭""课谈"九个环节，由清华大学教授、清华科技园创始人、课程老师梅萌主持。清华大学研究生院副院长肖曦教授，经管学院副院长徐心教授，时任共青团清华大学委员会副书记王展硕，以及课程老师、课程学生、其他在校学生和创业服务机构代表等超150人济济一堂，共同见证2023年度课程学生的结业典礼，聆听课程校友代表创新创业路上的拼搏、坚持与感悟，探讨课程和创新创业教育的未来发展。

这场充满仪式感又别开生面的活动是"创办新企业"课程13年发展历程中所举办的年度活动中的一次，既是课程学生年度学习的回顾和总结，也是助力课程学生融入更广阔课程生态和社会熔炉的桥梁、纽带。"创办新企业"课程是清华大学创新创业教育体系的重要组成部分。自创立以来，课程植根于清华大学创新创业教育的整体发展战略，又以其独特性丰富着清华大学创新创业教育体系。正如高建老师在活动"课述"环节中提到，来自清华科技园和清华经管学院的教师团队持续13年联合开设的"创办新企业"课程，是一门体现了追求梦想、知行合一、有始无终、团队学习和产教融合等特色的清华创新创业教育课程。

清华大学优良的创新创业教育传统

联合国教科文组织在"面向21世纪教育国际研讨会"上指出，21世纪的青年除了接受传统意义上的学术教育和职业教育外，还应当拥有"第三张教育通行证"——创新创业教育。创新创业教育已成为全球大国高等教育的重要课题和普遍共识。在我国，2010年教育部《关于大力推进高等学校创新创业教育和大学生自主创业工作的意见》和2015年国务院《关于深化高等学校创新创业教育改革的实施意见》（国办发

〔2015〕36号）中均指出，双创教育是服务于创新型国家建设的重大战略举措，对于增强国家发展驱动力具有战略意义。2019年《教育部关于印发〈国家级大学生创新创业训练计划管理办法〉的通知》（教高函〔2019〕13号）进一步提出深化高校创新创业教育教学改革，加强大学生创新创业能力培养，全面提高人才培养质量。

清华大学有着优良的创新创业教育传统，积极为国家实施创新驱动发展战略贡献力量，也是校风"行胜于言"的重要体现。清华大学早在20世纪80年代就发起了展示科创成果的"挑战杯"比赛；1994年，成立学校师生创新创业的集中平台——清华科技园；1998年，举办首届清华大学创业计划大赛，共青团中央1999年将其推广为"挑战杯"全国大学生创业计划大赛；2002年，入选教育部创业教育试点院校；2009年，提出并大力推进创新创业教育全面融入人才培养体系；2013年，创建清华x-lab；2015年，发起成立中国高校创新创业教育联盟；2022年，成为首批国家级双创教育实践基地。

在开展创新创业教育的过程中，清华大学围绕高等教育"育什么样的人"和"怎么育人"的根本问题，通过研究世界高等教育的发展趋势，结合我国创新驱动发展战略，逐渐厘清了在高校中开展创新创业教育的基本认识，即创新创业教育是融入大学各项核心职能的一个崭新维度，创新创业教育的本质是育人，培养具有开创性的人[1]。清华大学深刻意识到激发学生真正内生的学习兴趣、创造志趣的重要性，并针对创新创业教育普遍存在的重技巧、轻意识和能力培养，以及创新资源匹配不足等问题，从服务国家育人兴国的战略角度，在借鉴国外一流大学教育理念和汲取清华教育精华的基础上，系统地提出了"三位一体、三创融合、开放共享"的教育理念，即价值塑造、能力培养和知识传授"三位一体"的创新创业教育体系，创意、创新和创业"三创融合"的校级协同教育平台，以及创新创业教育资源的"开放共享"，包括课程、活动、项目、赛事、平台等。1994年开始建设的清华科技园就是清华大学创新创业教育的一个重要支撑平台。

清华大学经济管理学院在创新创业教育领域的探索和实践

清华大学经济管理学院是国内最早开展创新创业研究和教育的单位之一。20世纪80年代开始，在傅家骥教授的领导下，学院在国内率先开展技术创新方面的研究和教育。20世纪90年代中后期开始，在姜彦福教授带领下，学院深入开展创业研究和创业教育。1998年学院开设了MBA创新创业方向。2000年成立了清华大学中国创业研究中心，该中心也是伦敦商学院和美国百森商学院联合发起的全球创业观察（Global Entrepreneurship Monitor，GEM）研究项目在中国大陆地区的唯一合作伙伴。姜彦福老师是中心创始主任，高建老师于2010年起担任第二任主任；2005年，在清华大学研究生院的支持下，清华经管学院高建和张帏老师，与微软亚洲研究院联合给全校研究生开设了"未来企业家之路"课程；2007年，由雷家骕、张帏等老师负责的"创业管理"课程入选国家级精品课；2010年，由清华经管学院和清华科技园联合开设的"创业机会识别和商业计划"研究生课程被评为清华大学精品课程；2013年4月，清华经管学院联合十多个院系创办"清华x-lab"（清华x-空间），成为清华大学首个创意创新创业教育平台，张帏老师为创始主任；2014年由清华经管学院和清华科技园联合开设的"创办新企业"课程被中关村科技园区管理委员会评为"中关村（清华）梦想课堂"，并获得2017年全国高等学校创新创业教育"精彩一课"（视频公开课）评审一等奖。为有效落实二十国集团领导人杭州峰会达成的共识及峰会公报和二十国集团劳工部长会议宣言内容，积极推动《二十国集团创业行动计划》的实施，中国人力资源和社会保障部与清华大学于2017年1月共同成立清华大学二十国集团创业研究中心，由高建老师担任主任。另外，2003年以来，张帏老师指导多支清华大学学生团队在国际创业大赛上分别获得多个奖项（累计7次获奖），包括2009年在美国伯克利大学获得第5届Intel-Berkeley全球科技创业挑战赛冠军，这是亚洲高校在此大赛中首次夺冠；指导的多支清华团队获得历年全国大学生"挑战杯"创业计划大赛金奖（共6支，截至2012年底）。更为重要的是，经过清华大学各方面的努力、广大校友和社会各界的支持，清华大学的创业教育涵盖活动、课程、大赛、教育项目、创意创新创业（简称"三创"）教育平台，以及清华科技园的创业孵化器，形成了创业教育过程的完整链条；清华大学目前已经构建了开放、交叉并富有活力的高校创业教育生态体系[2]。

清华科技园对清华大学创新创业教育的支持

比尔·盖茨曾经说过，大学就应该更多地为科技创新作贡献。他认为世界上有两个地方做得最好，一个是斯坦福，另一个则是清华科技园。

清华科技园地处清华大学东南角，位于中关村国家自主创新示范区核心地带，建筑面积77万平方米，聚集了超过1500家科技企业和研发机构，成为跨国公司研发总部、中国科技企业总部和创新创业企业的聚集地。为了贯彻落实科教兴国战略，清华大学于1994年组建了清华科技园发展中心，开始建设清华科技园，打造创新创业企业孵化地、创新人才培育基地和科技成果转化基地，成为清华大学服务社会功能的有机外延。在服务社会的同时，清华科技园利用自身条件，通过技术转移、企业孵化、创业服务、创新创业教育等多种方式，搭建创意创新创业平台，支持学校的学科建设、人才培养和学生就业创业，为清华大学建设中国特色的世界一流大学做出了积极贡献。

在助力清华大学搭建创意创新创业平台方面，清华科技园积极协助清华x-lab成立，并与清华文创院合作建立水木文创孵化基地C-lab，与清华大数据研究院合作建立清华数据创新基地D-Lab，与清华大学心理系合作成立清华幸福科技实验室H-lab，在清华大学团委支持下，成立清华大学-启迪之星青年创新创业实践基地等，并为清华x-lab、清华幸福科技实验室（H-lab）提供办公空间，成为清华学生创业的聚集地，是清华大学创新创业教育生态重要组成部分。"创办新企业"课程及"创业机会识别和商业计划"课程的开设，也是清华科技园服务清华大学创新创业教育及人才培养的方式之一。

另外，依托清华科技园成立的清华留学人员创业园、启迪之星孵化器，都为清华师生、校友创新创业提供了积极的多方面的帮助和支持。依托启迪之星，清华科技园以"创办新企业"课程为基础开办启迪之星梦想课堂，采用"风投+基金+创业平台"的模式，在全国乃至国际培育以核心技术为主体的学生创业企业。截至2023年，共开办10余期启迪之星梦想课堂，超过200多个选课团队参加，融资总额超2.5亿元。2023年，梦想课堂开到了印度尼西亚清华大学东南亚中心巴厘岛园区。

值得一提的是，课程老师梅萌教授就是清华科技园的创始人，从1994年一直陪伴清华科技园的发展直到2016年荣休。

前缘课程——"创业机会识别和商业计划"

要谈"创办新企业"课程，需要从"创业机会识别和商业计划"说起。

"创业机会识别和商业计划"课程由清华经管学院高建老师、张帏老师，清华科技园梅萌老师、罗建北老师于2007年春季联合开设。2013年至今，张帏和雷霖两位老师担任课程共同负责人。清华经管学院与清华科技园能携手开课，缘起可追溯到2001年梅萌老师代表清华科技园牵头为清华本科生开设的一门选修课——"科技创业理论与实务"。2001—2003年该课程开设期间，梅萌老师发现本科生参与这门课的积极性不太高，互动也不够，于是暂时停止了课程的开设。2006年，时任清华科技园顾问邹定国老师（曾担任清华大学工物系负责教学的副系主任）找到张帏老师，希望清华经管学院和清华科技园一起开设一门面向清华研究生的创业课程。在清华大学研究生院的支持下，"创业机会识别和商业计划"顺利开课。

课程面向清华大学的所有研究生，包括硕士生、博士生，尤其是理工科学生和经管学院学生，包含知识技能、实践前沿、企业调研和开发创业计划四个模块，让学生直接接触企业、企业家和投资家，获取丰富的经验和领先的实践知识。2010年被评为"清华大学精品课程"，2013年、2019年、2022年相继通过清华大学三次复审，已连续14年保持"清华大学精品课程"荣誉。课程由多元化背景的教师联合授课，除了前面提及的4位老师外，教师组还先后增加了清控银杏创投创始合伙人、清华经管学院课程教授雷霖博士，启迪控股执行总裁、启迪孵化器董事长张金生博士和清控银杏创业投资管理（北京）有限公司董事总经理田雨博士。

为了做好这门课程，课程老师团队投入了大量的时间、精力，并整合了孵化、投资、产业等多种生态资源。但根据课程规划，该课程在老师指导各团队开发出有效的创业计划后就结束了，老师和学生们都感到"意犹未尽"。而且，与课程投入相比，老师也觉得课程就如"大马拉小车"，没有充分发挥出课程资源的作用。为此，老师们商议决定在"创业机会识别和商业计划"基础上再开设一门延伸课程，这就有了"创办新企业"课程的由来。

以创业的方式开设"创办新企业"课程

"创办新企业"课程由清华大学经济管理学院和清华科技园于2011年联合开设，课程老师延续了"创业机会识别和商业计划"的教师团队组合，主创老师分别是：梅萌，清华大学教授，清华科技园创始人、启迪控股股份有限公司荣誉董事长和清华幸福科技实验室主席；高建，清华大学经济管理学院创新创业与战略系教授、博士生导师，清华大学二十国集团创业研究中心主任；张帏，清华大学经济管理学院创新创业与战略系长聘副教授、博士生导师，清华x-lab创始主任，清华大学中国创业研究中心副主任；雷霖，清控银杏创业投资管理（北京）有限公司创始合伙人，清华控股有限公司副总裁。后来，启迪控股股份有限公司执行总裁兼启迪东北亚总部总裁、清华科技园管委会副主任、北京启迪创业孵化器董事长张金生和清石企业管理集团有限公司总裁田雨先后加入教师团队。同时，课程邀请不同的行业嘉宾进行指导，授课嘉宾老师包括陈大同、童之磊、张蕾、彭志强、蒋宇飞、程鹏、龚宇、刘晓坤和邵金华等，并每年配有三名助教，主要来自清华经管学院和清华科技园，先后担任助教的有虞梦佳、王娅、高伟、缪纯、徐然、王聪聪、王滢、赵闯、张文婷、田鑫、胡潇婷、王文涛、苏典、马思思、王旭阳、张闳肆、董雅楠、李浩然、邵韵文、王婧宜、何宇、张津源、啜拓。

"创办新企业"课程按照清华大学"价值塑造、能力培养、知识传授"三位一体教育理念，面向清华大学想要创业的研究生，以"产教融合、知行合一、团队学习、生态赋能"为课程教学模式，旨在于真实的创业情景中提升学生综合素质。就如"游泳得勇敢地跳进水里"，到真实的创业场景"干中学"，这是创业教育培养"创新精神、冒险精神、独立意识"最真切、最生动、最宝贵的载体。

"创办新企业"课程以"创业"的方式开设，课程本身就是创业，言传身教。课程开设本身就是"创业"，尤其是在2011年，课程模式开国内之先；课程运营也像一家企业，有logo，有口号（价值理念），选课学生团队有编号，有课程基金，有课程社区。同时，课程以团队、项目为单位学习，学生带着想要开展或者正在开展的创业项目来参加课程学习；课程采用企业化管理模式，教师扮演创业导师的角色，在真实的创业中引导和帮助学生团队开展创业实践，在真实的创业场景中历练学生的创新创业能力和精神。

课程的教学具有实战性，基于课堂又超越课堂，基于创业又超越创业。课堂教学与真实创业相辅相成，既让学生在课堂上学习到系统的理论知识，又让学生在实际创业过程中学以致用；同时，课程突破课堂，充分调动和利用校内外资源，助力学生更好地开展课堂学习和创新创业活动。更重要的是，虽然课程围绕"创办新企业"，但又不单纯以"创办企业"为目标，更注重培养学生的创新精神和创业意识，引导学生关注国家和社会发展需求，将个人发展与国家和社会需要紧密结合。

课程影响具有长远性。虽然按照课程表的课程学习只有短短一学期，但课程对学生内在创业志趣的引导和对学生创新创业热情的点燃，鼓励学生向着创业大海勇敢地"纵身一跃"，必将伴随长远，正如"问渠哪得清如许，为有源头活水来"。同时，只要学生在课程以及清华大学创新创业教育的"沃土"中扎下根来，努力汲取养分，就能获得成长，或早或晚，或快或慢，最终也将成为"沃土"的一部分，就像海斯凯尔、艺妙神州等团队对课程和清华大学的"反哺"一样，受助助人，源源不断，有始无终。

早在2014年，课程就被中关村科技园区管理委员会命名为"中关村（清华）梦想课堂"，并获得2017年全国高等学校创新创业教育"精彩一课"（视频公开课）一等奖。截至2024年，课程已举办14期，参加课程的289个学生团队中，超过55个获得投资，累计融资金额超过50亿元，培养出了一批优秀创业者和多家行业翘楚、领军科创企业，促进了先进技术的创新和新产业发展以及清华的科技成果转化。

关于《创业行》书稿

2022年，在"创办新企业"课程开设12周年之际，老师们提议，可以把课程12年的历程进行一个梳理。受中国的传统生肖文化影响，12年是一个重要时间节点。因此有了这本书的缘起。课程教师组花了两年多的工夫准备书稿，其间，我们又完成了两期课程。在书稿准备过程中，我们收到了300多份课程校友问卷，走访了一批课程校友创办的企业，做了100个左右课程校友的访谈，选取了其中18个有代表性的课程校友创业案例进行深入剖析，在此基础上，总结提炼了我们课程的创业型人才培养模型。

本书是"创办新企业"课程14年发展历程的系统回顾。忆往昔，课程开设背后有着什么样的初心和契机，又是以什么独特方式来运作这门课程？看来路，课程开设14年，培育了哪些学生创业团队，学生在创业之路上，写就了哪些故事，他们现状如何？望未来，在全球科技革命和产业变革快速演进，国家提出"科技是第一生产力、人才是第一资源、创新是第一动力""深入实施科教兴国战略、人才强国战略、创新驱动发展战略"的背景下，课程又肩负着怎样的新使命，如何培养新时代青年的创新创业精神？

本书共分为3篇。第一篇"创业行？"第二篇"创业行"和第三篇"创业行！"。读者会发现，3篇标题的区别仅在于标点符号，这是充满意趣的教师团队根据多年与学生创业团队打交道而总结出的学生上课前后三个阶段的写照。

第一篇"创业行？"。这部分内容主要是梳理和分析课前阶段，或者学生创业行动之前和老师授课之前，学生和老师各自的思考和探索。"创业行？"既包含学生对创业的迷茫和困惑："创业"行吗？我"创业"行吗？我如何才能创业"行"？又包含老师的思考：创业能教吗？创业如何教？具体内容包括第一章"说到创业，我们在谈论什么"和第二章"'创办新企业'是一门什么样的课"。

第二篇"创业行"。这是课程阶段的学习和探索。老师以多种方式与学生探索"创业如何才能行"以及创业过程中学生的"干中学"。具体内容包括：第三章"关于创业，你需要知道的关键节点"，围绕课程内容，分析在创办新企业的过程中需要关注的关键节点；第四章"支撑学生创业的多维课程生态"，从清华大学创新创业教育体系、课程创业行（háng）社区、课程基金、梦想课堂角度梳理课程核心生态；第五章"创一家有社会责任的企业"，围绕什么是企业社会责任，企业应该承担哪些社会责任，以及如何承担企业社会责任等问题，帮助创业企业系好成长的"第一粒纽扣"；第六章"做一个积极有趣的创业者"，从积极心理学的角度，助力创业者在积极的氛围中幸福地创新创业，也希望积极的心理力量能作为推动创业者成功的催产素；第七章"从学生到创业者的跃迁"，通过课程学生调研问卷，分析课程学生和团队特点以及学生如何在课程中"干中学"。

第三篇"创业行！"。课程后的逐梦前行！这里的"行"，既是"可以"的意思，即我"可以创业"；也是"行动"的意思，我要开始"创业行动"；还有"成功"的含义，即"创业我能行"的敢创敢闯，这也正是创业教育的意义所在。具体内容包括：第八章"创业逐梦，无问西东"，通过访谈18个课程项目团队的创业故事，为我们展示创业沿途风景；第九章"迈向课程发展的新阶段"，国家提出高水平科技自立自强、清华大学建设世界一流大学背景下，思考课程发展的新阶段。

全书由梅萌、高建、张帏、雷霖、张金生、田雨主创，由张帏、张金生等著。其中，前言由杨红梅执笔，第一章由侯尧杉执笔，第二章由李志慧执笔，第三章由侯尧杉执笔，第四章由曹洪美、侯尧杉共同执笔，第五章由杨红梅执笔，第六章由刘舒婷执笔，第七章由王荔妍、曹洪美共同执笔，第八章由师文倩及各章负责人撰写完成，

第九章由杨红梅执笔，后记由刘舒婷执笔。全书由张帏负责最终的审阅和统稿。

自2022年4月6日在清华科技园幸福实验室召开书稿撰写启动会以来，写作团队对710名既往课程学生开展了问卷调研，高玉霞、刘薇、王荔妍对问卷调研的设计作出了重要贡献；撰写组开展了一系列老师和学生代表的访谈，包括6位课程主创老师，课程老师罗建北、清华科技园最早创业者李凌己和18位课程学生创业团队代表。在书稿撰写过程中，课程主创老师梅萌、高建、张帏、雷霖、张金生、田雨多次参加书稿研讨会，另外，得到了启迪之星（北京）创业孵化器有限公司、清控银杏创业投资管理（北京）有限公司领导和团队的大力支持。书稿写作历时两年多，期间启迪创新研究院的杨红梅博士全程负责相关的组织协调工作，并参与全书的统稿。启迪创新研究院的杨红梅、侯尧杉、曹洪美、李志慧，启迪之星师文倩，清华幸福科技实验室刘舒婷，清华经管学院王荔妍等团队成员，大家带着荣誉感、使命感参与到这项工作中。在书稿设计和调研、访谈、撰写过程中，创作团队也不断受到老师和创业学生团队的感染和熏陶，受益匪浅，乐在其中。

这是一本关于创业、课程、老师和青春学子的书，也是一本关于理想、探索、勇敢与不懈追求的书。如果您是想了解创业或想要创业的高校学生，或者是做创业教育、研究的高校老师，或者高校教育管理者、大学科技园或各类孵化器的管理者，以及社会上各种类型的创业者，阅读本书，应该都会带给您启发和思考。

创新无止境，创业恒久行。时间仓促，加之著者水平有限，书中难免有疏漏和不足之处，恳请各位读者批评指正，以共同促进我国创新创业事业的发展。

著者

2024年9月

目　录

第一篇　创业行？

第二篇　创业行

第三篇　创业行！

第一篇　创业行？

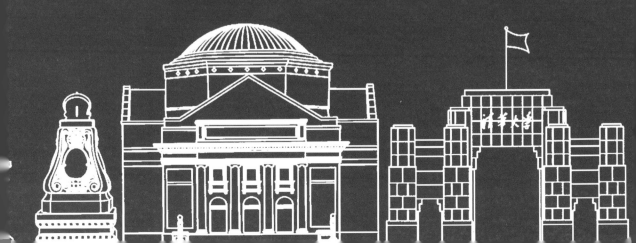

第一章 说到创业，我们在谈论什么

当"创业"越来越成为人们热衷谈论的话题，当创业教育的意义被越来越多地进行探讨，那么，什么是创业？创业者最关心哪些问题？创业能不能教？创业该如何教？本章将围绕这些问题给出我们的答案。

第一节 什么是创业

"创业"一词在中国最早出现于《孟子·梁惠王下》："君子创业垂统，为可继也。"故《辞海》将"创业"解释为"开创基业"，《汉语成语词典》将"创业"解释为"创办事业。"这些都可以理解为广义的"创业"，而狭义的"创业"一般是指创办一家新的企业。

关于创业目前并没有一个绝对统一的定义，国内外众多研究者从各自的领域和视角对创业的概念进行解读。杰夫里·蒂蒙斯（Jeffry A. Timmons）所著的创业教育经典教科书《创业学》（*New Venture Creation*）这样定义创业："创业是一种思考、推理和行动的方式，它为机会所驱动，需要在方法上全盘考虑并拥有和谐的领导能力。"清华大学经济管理学院教授高建认为：创业最重要的是创造新价值。

一、创业在于创造新价值

创业的本质是有价值的机会与富有创业精神的人之间的结合（Baron和Shane，2005），也就是创业者通过创新的手段，将资源更有效地利用，从而创造出更大经济价值或社会价值的过程。因此，创业应能带来更多的市场机会、创新机会、就业机会和企业增长机会，可以创造新价值。

在本书准备过程中，我们向课程校友发放了700多份问卷，回收310份。本次问卷调查显示，53%的"创办新企业"课程学生希望通过技术创新改变行业现状。观察他们的创业领域，33%属于新一代信息技术行业，21%属于医药健康行业，12%属于智能制造与装备行业，另外还有一些分布于集成电路、智能网联汽车、绿色能源与节能环保等行业。在这些创业项目中，有44%是创业者主导的技术创新，16%是对现有技术的改进，15%是导师或者合伙人的技术创新，18%是商业模式或者销售方式的创新。以上调查结果表明课程学生的创业领域多基于科学和技术创新的行业，他们的创业也更多为可以创造新价值的创业。

除了创造新价值，创业者还需要具备足够的创业精神。虽然创业常常表现为开创新公司，但创业精神不一定只存在于新企业。在企业发展历程中，只要创新活动仍然旺盛，该组织依然具备创业精神。正如哈佛大学商学院的霍华德·史蒂文森（Howard Stevenson）教授把创业精神理解为一种独特的整体管理观念，而非将其限定于企业发展的某个特定阶段（如初创企业）、某种个人角色（如创始人），或某类精神气质（如激进、独立）。

二、创业促进创新转化为生产力

创业是科学技术和市场的纽带，促进科技创新转化为生产力。企业家的创业活动可以弥补技术和市场之间的缺口，搭建技术和市场之间的桥梁。企业家通过与风险资本机构、银行、供应商、分销商、广告代理商以及顾客等方方面面的接触，及时了解各方需求并形成反馈，推动技术转化为市场需要的产品，真正实现创新的生产力价值。当今技术发展迅速，即使再领先的技术，能够领先其他机构（或公司）半年已经非常了不起，如果没有后续成功的商业化，这种技术上的领先优势必然会丧失。

《2021年高等学校科技统计资料汇编》数据显示，目前我国的科技成果总体转化率在30%左右，前沿科技成果只有10%～30%被应用于实际生产中，也就是70%左右的技术发明都处于闲置状态或在专利人手中未转化为产品或商业上的应用；而发达国家科技成果总体转化率高达60%～70%。美国硅谷的成功是与众多高技术创业企业的创建发展密不可分的，硅谷产业的成功发展和竞争优势的形成是该地区创新和创业精神有机集成的结果[3]。如果没有创新和创业精神的有机集成，就很难有持续创新的动力和财力。

一个国家如果没有人进行基础研究和科学发明，也就不存在自主创新，而如果科学发明只存在于实验室，也无法有效地对国家的创新和增长作出贡献。在重视技术创新的同时，我们必须重视创新和创业精神的有机集成，鼓励创业精神、健全创业机制、完善创业环境，尤其是进一步完善支持创业的法规政策、发展支持创业企业的专业化商业服务机构、大力加强大学和科研院所的创新与创业结合等。同时还必须大力加强创业教育，把创业教育作为大学生和研究生教育的一个重要环节，同时也要通过创业教育，增强广大科技人员的创业意识，提高其创业能力，尤其是捕捉更好、更大的市场机会的能力，并尽可能避免简单重复前人所走的弯路，以提高科技创业的成功率[3]。

三、创业催生大众创新精神

创业活动也催生了大众的创新精神。不只是科学家和科研人员，社会中所有个体都有潜在的能力去产生原创性的想法并付诸实施，而创业正是点燃大众创业热情和创新精神的助推器。

创新精神是创业者在创业过程中的重要行为特征的高度凝练，主要表现为勇于创新、敢当风险、团结合作、坚持不懈等，这种精神激发了人们的想象力，形成积极的社会影响力。本次调查问卷显示，超过八成的课程学生都认为自己具备创新精神所应有的品质，如"我愿意付出非同寻常的努力去实现目标""我有长期计划兑现自己的承诺""我有信心可以创造出新产品""我有信心可以成功发掘新商机""我有信心能将想法或者新开发的产品商业化""面对难题时我试图去看到事物积极的一面""我不会轻易退出我的创业项目"等。在被问到最大的创业优势时，85%的课程学生认为拥有敢想敢试的拼搏精神。

创业者以上这些拼搏、坚韧、充满信心的精神及行动将对周围人以及后来创业者形成积极带动作用。本次问卷结果也显示，75%的课程学生创业是受到了身边创业者的影响，78%的学生认为课程的成功创业者是自己的榜样。在创业者的创业行为影响下，大家更愿意积极地去构想新的产品，构思新的生产方式，或者探索如何打开新的市场。当人们都尝试用新方式思考，用新方式做事，则会催生前所未有的创新潮，从而真正推动国家的自主创新和经济社会发展[4]。

四、创业受到外部因素影响

一个国家或地区的创业活动的数量和质量，在很大程度上取决于创业者所处的创业环境。全球创业观察（GEM）研究将影响创业活动的环境条件分为一般环境条件和创业环境条件（也称为"创业生态系统"）。其中，一般环境条件包括：国家的对外开放程度、政府职能、企业管理水平和技能、技术研发水平和程度、基础设施、资本市场、劳动力市场、制度完善程度等。这些因素主要作用于创业的环境要素，进而影响创业活动。创业环境条件包括11个方面：创业融资、政府政策、税收和行政体制、政府项目支持、在校创业教育和培训、离校创业教育和培训、研究与开发效率、商业与法律基础设施、国内市场动态性、有形与服务的基础设施、文化和社会规范等。而创业者身处的制度、技术、市场和文化环境尤其明显地影响着创业者的创业决策、创业领域以及创业结果。

首先是政府政策导向。在影响创业活动的诸多因素中，政府在增加创业活动和效率方面的作用尤为受到关注。政府出台的创新创业支持政策、金融环境改善措施、产业发展引导政策等都对创业活动具有导向性作用。

其次是技术变革的影响。每一次技术变革都对整个社会经济发展带来深远的影响，促进人类社会经济结构和社会生活方式的变化，引起商业模式和商业规则的改变。这种商业模式和商业规则的改变，带来大量创业机会的诞生，让后发优势成为可能，让创业者的创新精神战胜先行者的资本和经验成为可能。

再次是市场需求变化。随着居民收入稳步提高、消费观念逐步改变，人们更加青睐个性化、多元化、特色化的产品和服务，消费升级成为主流，消费细分成为常态。不同年龄、不同地区、不同偏好的消费者呈现出日益多元、细分的消费诉求，使国内的大市场存在众多的细分领域，这为相关行业企业带来发展机遇，也成为创业者创新机会的主要来源。

最后是周围的创业文化。创业虽然是个人主体性的活动，但依然直接或间接地取决于区域社会文化氛围，尤其是人们关于创业的价值评价。当一个地方拥有浓厚的创业文化时，冒险和创造性活动更容易被公众接受，将创建一家新的企业作为个人职业道路更容易受到鼓励。清华大学经管学院高建教授认为，创业文化除了不怕失败，宽容失败，其含义应该更加宽泛，比如敢于标新立异、有开拓精神、愿意合作、跨学科交流、有远大的抱负等，这些都是创业非常需要的。

第二节 创业者最关心哪些问题

我们接触了大量创业者，他们在决定创业之前，或者在创业过程中，都会有一些疑问和迷茫，比如：我适合创业吗？创业需要具备哪些条件？自己的创业优势在哪里？我的创业方向是否可行？等等。这些创业者最关心的问题，恰恰也正是创业课最关注的方面。课程希望通过创业教育解答创业者的一些疑问，给他们带来某些启发和帮助。

根据对课程校友的问卷调查，他们对自己的优势认知方面比较清晰，大部分受访者认为他们拥有一定的创业优势，尤其是具备宽广的知识积累、善抓创业的重要信息、拥有敢试的拼搏精神、拥有良好的心理素质等，但是并不确定自己是否拥有可靠的人脉资源、足够的经费支持以及明朗的商业机会。在创业需要具备的基础和条件中，他们认为首先最重要的是人才资源，包括销售人才、营销团队、技术人才等，其次是市场资源，如渠道客群、传媒传播、产品品牌等，最后是专业技能，包括管理、运营、财务会计等。可以看出，课程校友认识到自身拥有一定的创业优势，但是对于创业，他们有些方面还不够有把握，认为还需要具备其他基础和条件，还有更多的知识和技能需要学习。

那么，学生最希望通过创业课程学习获得哪些帮助？问卷调查显示：60%的学生希望以此探索创业方向的可行性，48%的学生希望审视自己是否适合创业，以及解决创业中的困惑。另外，帮助做好事业发展规划、理解企业的运作逻辑、结识企业家扩大自己的朋友圈，以及获得导师持续的辅导、持续打磨商业计划、获得天使投资等也都是学生们比较希望从课程中获得的帮助。

总的来说，课程学生希望通过创业教育学习创业知识，提高创业能力，获得创业资源，并且更好地认识自己，突破自我边界，找到实现自身价值的最好方式。正如拉酷科技创始人龚华超（团队编号1601）所说，创业其实是一件充满了艰辛和冒险的事。如果没有掌握自己专业课以外的这些创业知识，可能很快就把生命燃烧完，最后创业也没有成功。而课程就是掌握创业骨架和肌理分析的过程，为将来的自学打下很好的基础，帮助创业者更加科学、从容地应对创业中的种种挑战。

第三节　创业可以教吗

创业是否可教是创业教育的关键问题，它实际也包含了教什么，以及如何教的问题。探讨厘清这一问题是开展创新创业教育的前提条件。这一问题在创新创业教育早期存在争论，大致分为"不可教论"和"可教论"两大阵营。"不可教论"多从生物学和心理学视角出发，认为创新创业是一种与生俱来的自发性行为，完全受个体的基因、人格特质等先赋性因素影响，创业者不能通过后天培养。随着创新创业活动的日益增多及专门化程度的提升，这个观点逐渐被"可教论"取代。"可教论"基于管理学和教育学立场，认为创新创业是一种可以教化和习得的行为[5]。

我们认为，创业是有方法论的。每一个体都具备创新创业潜质和可塑性，通过后天专门教育进行培养和训练，无论是创业的基本知识、理论、方法，还是创业意识、创业精神和创业能力，都可以有效获得和提升。需要注意的是，必须时常考虑创业教育的根本价值是什么，如果只注重将创业教育看作创业的工具性手段，那么创业教育就会偏离初衷迷失方向。

一、"如何创业"可以教

创业和所有其他学科一样，可以通过学习来掌握。创业可以教的内容大概可分为两大类：一类是创业基本知识、理论和方法，另一类是创业能力相关的"经验传承"。前者属于可被系统性学习的，比如商业模式、市场营销、团队组建、公司治理等知识，后者内容则没有通例，往往只是个案，但通过深入研究探讨不同的个案实践，分析体会他人经历中的得失，可以带来丰富的感受和启发，成为自己创业的养分。

清华大学梅萌教授谈到，教学生创业，就好比教人解剖牛。开创业课就像把我们见过的牛和我们所知道的牛的结构告诉想解剖牛的人，怎么能把刀拿得更好，用巧劲来解剖。创业是存在基本规律的，找出这些规律能帮助创业者少走很多弯路。真机智能创始人刘智勇（团队编号1703）对此感受深刻，他认为了解创业规律能让认知提升到一个更高水平，而认知的提升、技能的提升，又能促进获取资源的能力的提升，获得更多资源又能进一步促进认知和技能的提升，形成一个良性循环。而且，创业课程和教育可以"加速"创业者的成长。元育生物创始人肖奕博（团队编号1605）认为，学习创业课程起到了加速作用，可以在更短的时间获得见识、了解创办企业的全过程。

创业可教，但不是只在教室中传授知识。显性的创业专业知识，基本上可以直接传授，但创业精神、创业思维、创业方法和创业行动能力等，很大程度上不能通过直接传授达到效果，需要采用理论与实践相结合的方法，学习者才能够逐步掌握。创业教育奠基人蒂蒙斯（Timmons）指出，创业精神最佳的学习方式是将经验与正规的教学结合起来。

真实的创业活动是一个需要面对各种真实问题，并以团队的形式解决问题的过程。因此，创业教育需要给学习者提供各式各样的创业体验，增加真实创业情境下的团队学习和创业活动，这样才能使学习者在实践中掌握创业方法，提高创业行动能力[6]。如引入企业界、创投界和相关行业组织参与，聘用校外企业导师，特别是具有丰富企业经营与管理实践或者创业经验的师资，更多地将教学场所放到实习实践基地、市场乃至企业现场。

本次问卷调查了"创办新企业"哪类课程形式学生的收获最大，结果显示，让学生收获最大的两种课程形式分别为"与课程老师和外请嘉宾的交流"及"战略、商业模式、产品营销等知识传授"，各占57%。另外，"展示商业计划的路演环节"以及"与创业学员之间的交流"也给学生带来较大收获，占比都超过了40%。

比如海斯凯尔联合创始人孙锦（团队编号1203）对课程的路演环节印象深刻。他说这也是这门课给他们团队带来的一个最大的帮助。在上这门课之前，他们不知道路演应该讲什么，这门课为大家提供一个展示的机会，而且是一个校内的相对宽松的氛围，因为参加这门课的投资人，对学生团队会用更加宽容的心态去看待。他们在课程上第一次正式地展示自己的项目，也是在那之后他们参加了很多路演，拿了多个创业比赛的全国冠军，包括代表清华参加2014年的"创青春"全国大学生创业大赛，以及2014年创新中国（DEMO CHINA）大赛等，他认为这些都跟前期课程上的历练是分不开的。

二、"成功创业"无法教

创业是在不确定性极强的前提下进行的假设验证性、试错性、创新性活动，也是一个高度动态的活动。创业教育只能教"如何创业"，却无法教"成功创业"。我们传播创业理念，并不是要让创业者觉得，只要学习了创业课程就能成功创业了，这是不对的。

要实现成功创业非常困难，人们常用"九死一生"来形容创业之艰。从一个想法到一家优秀的企业，创业者要经过千辛万苦、千山万水，在这个过程中会面临许多艰难的抉择和复杂的情势，即便是学习了各种创业知识和技能，接受了创业精神、创业素质的培训，有了资本市场、政府政策、人脉资源等各种扶持，但依然不能完全保证创业最终取得成功。创业有步骤和规律可依循，但成功创业却无法系统性复制。创业过程中碰到问题，需要创业者根据当下的现况做自主判断，即便相同的问题，在不同的时空背景、条件资源、能力状态下，都可能有不同选择，未必能有前例可循。创业企业成长的核心是创业者的成长，创业者的成长则更多需要在不断的实践和磨炼中去实现。

例如，对新事物的满腔热情和冒险精神，坚韧不拔的顽强毅力，具有凝聚力的人格魅力，对人性的深刻洞察力等，可能没有办法通过哪一门创业教育课来直接获得，而是需要创业者保持终身学习、全面学习，甚至可能是看似和创业无关的学习。彼得·德鲁克在《管理的实践》（*The Practice of Management*）中写道，他认真研究了美国20世纪50年代大学中开设的课程，发现只有两门课对培养管理者最有帮助：短篇小说写作与诗歌鉴赏。小说写作帮助学生培养对人以及人际的入微观察，而诗歌则帮助学生用感性的、富有想象力的方式去影响他人。创业教育也正是这样，可能从某些知识中受到很大启发，却不能保证获得什么结果。事实上，这也正是创业美妙之处，既是科学，又是艺术。

创业的成败，除了专业的创业知识和技能外，还有天分、能力、胆识、资源、人脉、时机和运气等各种因素的影响。很多成功创业者都承认自己只是比别人运气好一点点，这也许并不是他们自谦。当然，真正的机会，从来只垂青于那些时刻做好准备的人。只有付出足够的努力，保持足够的耐心，才可能抓住属于自己的机会。

三、创业教育的本质是育人

清华大学研究世界高等教育的发展趋势，结合我国创新驱动发展战略，逐渐厘清了在高校中开展创新创业教育的基本认识：创新创业教育是融入大学各项核心职能的一个崭新维度，创新创业教育的本质是育人，培养具有开创性的人；创新创业教育的显著特点和对高等教育本身的重大意义是跨越学科界限、跨越产学界限、跨越国家界限，建立跨越这些界限的机制和模式是开展创新创业教育的必经之路。

在此基础上，清华大学提出了"三位一体、三创融合、开放共享"的创新创业教育基本理念，解决了创新创业教育培养什么人和如何培养人的核心问题。明确了价值塑造、能力培养、知识传授"三位一体"的创新创业人才培养目标：以独立、首创、勇气、包容和责任为核心的价值塑造，以创新力、执行力和领导力为核心的能力培养，以及以跨界学习为核心的知识传授，提出了创意、创新、创业"三创融合"的创新创业教育模式，即在双创教育全过程中统筹兼顾创意激发、产品实现和创业指导三个环节，倡导面向全社会大众"开放共享"优质教育资源，引领双创教育。

再看世界其他国家和地区对于创业教育的理解。欧盟认为创业教育（entrepreneurship education）是培养能把想法落实为行动的人，这包括使其具备创意、创新和承担风险的能力，以及为实现目标而制定计划和管理项目的能力。美国创业教育联盟认为创业教育不仅是培养经商能力，还培养人们的创新思维、责任心和事业心。英国大学生创业教育委员会认为存在两种创业教育，一种创业教育（entrepreneurship education）以创立、运营与管理企业为核心，另一种创业教育（enterprise education）以培养进取心和创业型人格为核心，而英国的创业教育属于后一种。总体来看，各国在保持特色的基础上呈现出融合趋势，越来越强调以培养人为中心，除了教授创业知识和技能之外，创业教育更重要的意义在于对创业者能力和价值观的培养。

"创办新企业"课程的开设即是当时对创新创业教育实践的全新探索，在当时具有开创性的历史意义。课程旨在探索建立以创新创业为导向的新型人才培养模式，培养"兴业之士"。这种兴业之士不是毕业就创业，而是要具备创新精神、创业能力，要有企业家精神。海斯凯尔联合创始人孙锦这样评价"创办新企业"课程："这门课应该是中国教育史上第一次系统性地针对大学生去讲创业，当时很多高校可能还不知道创业是怎么回事，更谈不上学校有意识地教学生去思考怎样创业，所以我觉得这门课有它的历史地位和贡献，可以说是中国创业教育上的一个先驱。"

创业的学习经历，可以让人变得成熟而睿智，即便没有进行创业或者创业失败，这些能力和品质也会使人受益终身。从另一个角度来看，即使创业教育在某种程度上抑制了一些学习者的创业意图和创业倾向也不意味着创业教育的失败。如果学习者通过创业教育更加清楚地认识到自己的优势与劣势，对创业变得更加理性，那么这样的创业教育也是成功的。本次调查问卷显示，经过课程学习之后，学生提升最大的能力是自我认知及规划能力，占到85%，其次是商业模式和创新能力，占72%。不是每个人都要成为创业者，但更好认识自我，更加具备创业精神和创业能力，会助力每个人的发展。

第二章 "创办新企业"是一门什么样的课

《创业行》故事的开始离不开两门重要的课程——"创业机会识别和商业计划"与"创办新企业",其中,"创办新企业"课程源于清华大学研究生精品课——"创业机会识别和商业计划",二者不仅在时间上具有延续性,还在内容上具有承接性(如图2-1所示)。另外,课程组教师整合了这两门课程,2015年在学堂在线推出了"创办新企业"在线课程,2017年,该课程被评选为首批国家精品在线课程,2020年被评为国家级一流本科课程(在线课程)。

图 2-1 课程开设的历史沿革

第一节 课程缘起

一、前缘课程——"创业机会识别和商业计划"

"创业机会识别和商业计划"是清华科技园与清华大学经济管理学院(以下简称"清华经管学院")首次合作,以激发和培育企业家精神、培养学生识别和评价创业机会、掌握创业基本技能为目标联合开设的课程。"创业机会识别和商业计划"课程的开设最早要追溯到清华科技园在清华大学第一次开创业课"科技创业理论与实务"。

1993年7月1日,北京市委、市政府在清华大学召开现场会,支持清华大学建设清华科技园的想法。之后,时任清华大学党委书记方惠坚找到清华校长办公室主任梅萌,希望由梅萌来做清华科技园。1994年8月1日,清华科技园发展中心在北京注册成立，梅萌成为中心的创始主任，清华科技园的历史由此开始。1998年底，学研大厦落成并投入使用，这个阶段也正是清华科技园的起步期。

1999年，清华创业园在清华科技园学研大厦"开张"，当时创业园的主任是罗建北[①]，副主任是罗茁[②]。2002年时，清华科技园已经入驻了一批"大大小小"的公司，孵化器也已在筹建。李凌己[③]是清华创业园里最早一批的创业者，他曾建议梅萌在清华大学开设一门课程，给学生讲讲如何创业。正是在此背景下，2003年清华科技园第一门创业课——"科技创业理论与实务"诞生了。"科技创业理论与实务"是专门为清华大学本科生开设的选修课，学生自由分组以团队的方式学习。清华创业园里最早的创业者鲁军[④]曾接受梅萌邀请，作为嘉宾把自己创业中遇到的挫折和失败经历分享给清华学子，让学生们能够引以为戒，为此梅萌十分感动。"科技创业理论与实务"共开设3年，不仅讲授如何创业，还分享风险投资、股票期权等国际创业领域的前沿知识，当时这种课程形式是十分新颖的，但受到国内创业大环境不成熟、本科生距离创业之路较远等因素影响，所以，2005年暂停了此课程。

2007年，清华科技园与清华经管学院合作开办研究生选修课"创业机会识别和商业计划"，课程的联合开办有个非常重要的"桥梁"——邹定国[⑤]。邹定国是清华大学工程物理系教授，退休后担任清华科技园的战略顾问，他认为清华创业园里有好的创业资源，应该让在校学生也能享受到这些资源。在邹定国老师的建议下，清华科技园与清华经管学院"一拍即合"，由科技园的梅萌和罗建北、经管学院的高建和张帏组成课程初创团队，邹定国担任课程顾问。"创业机会识别和商业计划"课程的设计之初，就确定了几条理念：第一是让学生有团队意识，课程重视团队合作；第二是与创业者耦合，将课堂搬到创业企业中去，学生团队从企业实地调研、商业模式分析等多角度模拟创业情境；第三是邀请业界创业导师讲创业课程，对学生进行辅导。"创业

---

① 罗建北：1970 年从清华毕业后留校任教于清华大学计算机系，曾任清华大学计算机系党委书记、清华创业园主任、启迪控股股份有限公司党总支书记等职务。

② 罗茁：清华大学工程物理系学士，核技术研究院硕士，现任清控银杏创业投资管理（北京）有限公司创始合伙人、董事长。

③ 李凌己：清华大学法学硕士，北京大学教育学博士，现任北京紫光在线教育科技有限公司董事长。

④ 鲁军：清华大学经济学硕士，曾在 1999 年参与创建并担任易得方舟总裁，现任麦希科技（北京）有限公司董事长。

⑤ 邹定国：清华大学教授，曾任清华大学启迪创新研究院特聘研究员等职务。

机会识别和商业计划"采取传授式的教学与体验式学习相结合的授课模式，学生在前期机会识别、市场调研、商业模式、创业战略、团队组建与融资安排等环节模拟真实创业情境，从多维度感受创业精神，学习创业理论和技能。

2010年，"创业机会识别和商业计划"荣获"清华大学精品课程"，当时清华大学研究生课程有2500多门，其中，仅有50门课能获得"精品课程"的称号。在峰值期，参与课程教学的教师和后台力量（含业界专家）的总人数与上课学生人数比近乎1∶1，然而，毕竟商业计划书离真正的创业还有很长的距离。课程学生完成商业计划书后直接走向真正创业的情况并不多，可能有的学生没有把创业当作选项，有的学生认为自己不适合创业，所谓"惊险一跳"很少发生，这似乎有点"大马拉小车"，为课程配备的创业资源没有充分发挥作用。

二、"创办新企业"课程

在"创业机会识别和商业计划"的课堂上，不乏一些有实际创业项目的学生团队想去创业，以及有商业计划书的学生团队愿意进一步探索创业实践可能性，他们都希望以团队的方式继续得到创业训练。

鉴于此，2011年春，"创业机会识别和商业计划"的教师团队在清华大学为已有创业项目的学生团队另外开设一门创业选修课——"创办新企业"。"创办新企业"是面向全校硕士和博士研究生开设的选修课，涵盖理论、孵化、投资和基金，实现"教育+企业+孵化+投资"优势资源的高度整合，搭建全方位、全链条的创业教育生态，开创了中国创业教育的全新模式。

开课之前，教师们第一次面向清华大学全校学生宣讲，当时，清华创业园最早的创业者之一申万秋[①]也参与其中，经过选拔，课程第一期共招收10个学生创业团队，申万秋还出资为学生提供调研经费。第二年，教师们认为以投资的方式对学生创业训练的帮助更大，将直接为学生提供调研经费的方式改成以设立课程基金的方式投资创业项目，自此之后，每年春季"创办新企业"都会如期开课。2014年，"创办新企业"被中关村科技园区管委会授予"中关村（清华）梦想课堂"荣誉称号（见图2-2）。

---

① 申万秋：1998级清华大学工商管理学硕士（清华大学MBA），现任海兰信数据科技股份有限公司董事长。

图2-2　2014"创办新企业"课程结业交流会暨"中关村（清华）梦想课堂"授牌仪式

截至2024年，"创办新企业"已培养289个团队，参加课程的清华大学研究生人数近800人（不包括以旁听方式参与课程的各项目团队成员）。通过选拔有创业意向的学生团队和创业人才、进行针对性的课程训练、配备优秀的教师阵容，加上清华大学创业教育生态体系的完善和良好的创业环境氛围，"创办新企业"逐渐形成了一种"主动培育+自然涌现"的正反馈机制，使得课程能够不断进步，历久弥新。

第二节　课程教师

2007年以来，清华科技园与清华经管学院已联合开课17年，不同于科学实验团队倾向于选择"同类项"，"创办新企业"的教师团队更强调互补性，由"校内"学术型教师与"校外"实践型教师联合开展创新型人才的创业教育，课程师资既有清华经管学院教授又有清华科技园及业界的企业家和风险投资家，很好地发挥学术理论和实战经验优势。

"创业机会识别和商业计划"课程的初创团队是罗建北、梅萌、高建、张帏四位教师（如图2-3所示）。随着"创办新企业"课程开设、罗建北教授退休以及雷霖、张金生、田雨的先后加入，"创办新企业"课程形成梅萌、高建、张帏、雷霖、张金生和田雨六人教师团队（如图2-4所示）；另外，2012年，罗建北教授曾为"创办新企业"授课一学期。

图 2-3　2007年"创业机会识别和商业计划"课程结业式（教师团队与第一名团队合影）
（前排左一张帏、左二罗建北、右一高建、右二梅萌）

图 2-4　2023年"创办新企业"春季课程教师合影
（左起：张金生、雷霖、高建、梅萌、张帏、田雨）

　　清华科技园与清华经管学院的教师团队主讲创业过程中理论与实践相结合的相关知识（如图2-5所示），梅萌教授深耕清华科技园多年，高建教授和张帏教授长期扎根于清华经管学院创新创业研究和教育一线，张金生博士从事创业孵化多年，拥有丰富的孵化创业企业的资源和经验，雷霖博士和田雨博士富有长期投资创业企业的实战经验，因此，课程实现了从理论到孵化、到投资、到基金领域的可实践操作性。

图 2-5 "创办新企业"课上照片
（左上至右下：高建、梅萌、雷霖、张帏、张金生、田雨）

课程还邀请了一批嘉宾教师，除了吕春燕、金勇军两位清华经管学院老师外，嘉宾教师多数是业界拥有创业实战经验的知名企业家校友，陈大同、童之磊、张蕾、彭志强、蒋宇飞、程鹏、邵金华、龚宇、刘晓坤、苏荣星、马越、张昌武、戴政、任立、李佳林、樊建男都担任过课程嘉宾（见图2-6），嘉宾教师结合自身的经验体悟主讲实践性较强的专题，不同领域的嘉宾能够从不同的角度提供经验和洞察，引起学生的思考。近些年，"创办新企业"还会邀请从课程走出去并成长起来的优秀"创业者"担任嘉宾，比如，海斯凯尔的联合创始人邵金华从课程受益者实现了向课程回馈者的角色转换。

图 2-6 课程嘉宾
（左上至右下：吕春燕、金勇军、陈大同、童之磊、张蕾、彭志强、蒋宇飞、程鹏、邵金华、龚宇、
刘晓坤、苏荣星、马越、张昌武、戴政、任立、李佳林、樊建男）

下面我们简单介绍"创办新企业"课程的六位教师，以及他们对课程开设、课程教学与学生创业的看法。

一、梅萌

清华大学教授、清华科技园创始人、启迪控股股份有限公司荣誉董事长、清华幸福科技实验室主席

梅萌是清华大学自动化系1977级校友，他有着浓厚的"清华情结"。自1994年起，先后任清华科技园发展中心主任、启迪控股股份有限公司董事长等职。梅萌老师从事清华科技园建设与管理工作多年，对国家大学科技园的建设与发展、产学研合作等领域有着深入的研究与丰富的实践经验。

梅老师曾说："大学科技园该怎么做，没有现成的模式，正因为如此，一路的挑战，一路的创新，一路的其乐无穷。"不论是做科技园还是培养创新创业人才，都让梅教授感到很幸福，他点燃许多清华学子的创新与创业热情，鼓励学生们在追逐梦想的路上不断前行。

梅老师认为，创业本身是一件商业性很强的一件事，虽然成功创业没法教，但是创业课要开。"一个典型的例子，做创业企业要不要写商业计划？有人说要做商业计划，有人说不要写商业计划，说得都对，说得都不对。我们能找到写了商业计划把公司做成的，我们也能找到写了商业计划把公司做失败的；我们能找到没有商业计划把公司做成的，我们也能找到没有商业计划把公司做失败的。所以，创业课的特点是把写商业计划的优点告诉学生，把不写商业计划的优点也告诉学生，最后写与不写，学生们自己判断"，他举例说道。

正如清华科技园走在中国乃至世界的前沿一样，清华科技园与清华大学经济管理学院联合开设创业课也开创了一种新的模式。梅老师曾说："我们课程与业界的联系非常广泛。国内外创业课程，请企业家走上讲台不稀奇，但是与投资结合的课程很少，有课程基金的课程更几乎没有。我们课程是真刀真枪讲创新、讲实践。"

二、高建

清华大学经济管理学院创新创业与战略系教授、博士生导师、清华大学二十国集团（G20）创业研究中心主任

高建自2005年起，任清华大学经济管理学院教授、博士生导师，是美国麻省理工学院和美国斯坦福大学访问学者。高建老师长期从事创业教育与研究，研究领域包括新企业领域、创业投资管理、技术创业和区域创业体系与政策等，同时作为全球创业观察（GEM）中国负责人长期对中国创业趋势进行研究。

高建老师与清华科技园也有很深的渊源，他回忆道："我与罗建北、梅萌两位老师很早就在学校认识了，真正有交集是2000年在中国创业研究中心成立时，那个时期也是互联网创业热潮时期，学生也关注和参与互联网创业，我们一起参与过学生创业比赛的评审工作。"清华经管学院与清华科技园一起开设了两门课程并能坚持十余年，高老师认为有一种"使命感"在里面，他说："我们都愿意培养学生，培养新的创业者。"

作为"创业机会识别和商业计划"与"创办新企业"两门课程的共同创办者，高建教授认为这种课程方式其实不太容易，上课的老师之间需要很好的合作，课程内容需要很好的协调。教师团队能够长期密切合作、积极进取、不断创新，还培养了许多优秀的学生创业团队，十分难能可贵。

从课程本身的角度看，高老师说："我们的课程定位、培养模式和课程设计都是合适的，像'创办新企业'这门课程能够与学生成长长期联系在一起。我看到了学生的成长，看到他们没有在创业路上止步，有的学生创业一次不行，就进行第二次、第三次创业。许多从课程中走出的成功创业团队，不仅产品得到了同行认可，成为行业的明星企业，而且还会再回到课堂讲授创业的心路历程，为课程注入新动力。"

三、张帏

清华大学经济管理学院创新创业与战略系长聘副教授、博士生导师、清华大学中国创业研究中心副主任

2002年，张帏从清华大学经济管理学院博士毕业后留校任教，是清华x-lab（创意创新创业的教育平台）的创始主任，研究领域包括创业投资、创业管理、新兴产业发展。从2003年开始，张帏老师给全校本科生上"高技术创业管理"课程。2004年，在斯坦福商学院做访问学者回校后，开始给经管院MBA学生上"创业管理"课程。2011—2012年，他在MIT做中美富布莱特学者。从2003年开始，张老师陆续带领学生参加多个重要的全球创业大赛。

由于经常带学生参加大赛，张老师很早就担任清华大学学生创业大赛的决赛评委，那时清华科技园经常赞助清华大学的创业大赛，在这个过程中与清华科技园的互动开始增多。张老师用"天时、地利、人和"六个字来形容"创业机会识别和商业计划"与"创办新企业"课程的开设，他说："清华科技园是有动力的，罗建北老师和梅萌老师都是清华教授，他们有教育情结，了解产业，清楚学生和校友创业'吃过的亏'、遇到的困难。从清华经管学院来看，高建老师和我先后在斯坦福做过访问学者，印象特别深刻的就是斯坦福那边'产教融合'真是做得好。斯坦福商学院的'创业管理'课通常由一位学院派教授和一位业界资深企业家（担任客座讲师）共同开设，当时那位来开课的企业董事长在硅谷从业30多年，共5次创业，其中，有3次大成功、2次大失败，60多岁退居董事长后主要做企业的公共关系和斯坦福商学院的创业教育。受到斯坦福大学的启发，我们觉得清华也可以通过产教融合来培养年轻的科技创业企业家，通过创业实践推动创新的真正实现。清华经管学院和清华科技园双方都有同样的动力，并且达成了共识，也就有了课程的诞生。"

四、雷霖

清控银杏创业投资管理（北京）有限公司创始合伙人、清华大学经管学院课程教授

雷霖是清华大学自动化系1993年校友，2003年博士毕业后加入清华科技园，先后担任投资经理、财务总监、清华控股有限公司副总裁等职务，曾创立多家公司并取得良好的业绩，对创业投资等领域有着深刻的理解、扎实的理论与实践研究。

雷霖博士在清华大学经济管理学院完成博士后之后，跟着罗建北教授一起开展"创业机会识别和商业计划"的组织教学工作，罗教授退休之后，雷霖博士正式参与授课。回忆过往，雷博士至今记忆犹新，他说："因为'创业机会识别和商业计划'主要讲一些创业的基础理论知识，后来我们有机会在此课程的基础上进一步提炼一下，对特别有创业想法、冲动和理想的学生做一个专门的课程，所有任课老师都觉得这个事是有必要的，也是一件特别有意义的事。"

雷霖博士认为，两门课程能持续一直讲下来，是有个人的价值观和情怀在其中的。他说："现在围绕创新创业的课程也很多，能这么成体系、不断完善、精进，不断创新的课程，应该说我们是最好的。从这个意义上来说，我觉得有竞争反而是好

事，我们也可以从别的课程、别的教师团队里汲取更多更好的经验，来不断完善我们自己。"雷霖博士强调："大部分学生都是在象牙塔过来的，很纯粹，知识结构是在社会的顶层，但对社会的文化认知体系没有建立起来。所以我们的创业教育课程就是这样的探索实践过程，比如让学生清楚到底有没有挣钱的能力、有没有资源整合调动的空间，这些实际上都需要在实践过程中慢慢建立或否定。"当然，雷霖博士觉得现在的创业者，信息量足够、追逐热点能力足够，而学生接触的信息量太多，长期积累则会出现多种问题：因为信息量太大，跟踪热点很快，深入思考和独立思考反而不够了；一些创业者对社会的认知、对自己的了解深度也不够，只是看着很"热闹"；此外，信息不能转换成知识则是无用信息，甚至信息量越大，越可能占据人们更多"内存"和"精力"，反而独立思考的空间和时间更少了。

五、张金生

启迪控股股份有限公司执行总裁兼启迪东北亚总部总裁、清华科技园管委会副主任、北京启迪创业孵化器董事长

张金生是清华大学自动化系1994级校友，从事清华科技园和启迪孵化器的运营多年，对于如何推动科技成果转化、如何培育孵化创业企业、如何培养创新人才等方面拥有相当丰富的经验。

谈及参与课程的初心，张金生博士说："第一是传承，来自梅总和罗老师等一行人言传身教的影响，我们自然而然地就想把创业教育的事情做好，因为任何一件事情坚持这么多年，就像做孵化器有情怀一样需要有大量的投入，包括人力、物力、财力和感情的投入，这些方面也是一脉相承的。第二是与时俱进，从学校层面讲，我们的课程是创业教育，从孵化器产业上和行业上来说，我们是以某种方式参与到'前孵化'，即通过开展创业教育、师生共创，把学校的成果与年轻人的创业意识和创业使命感结合起来，这样既能够发挥孵化器的优势，又助力于学生们事业的发展，是一个双向共赢的局面。尤其现在国家十分重视科技创新、科技转化，我们应该更主动地参与到创新创业教育体系里，推进高校的科技成果转化，激发人才体系和创新活力，从而实现更大的社会价值和经济价值，应该说这是很有价值的一件事情。第三是清华校友，我们对'四个服务''受助、互助、助人'的意识是比较深的，因为包括清华企业家协会和一批优秀的校友在内，他们不论是创业者、投资人，还是参与到各个方面的经营者，对清华科技园的发展其实是帮助非常大。"

　　谈及清华科技园在课程中担任的角色，张金生博士说："基本上清华科技园以实践为主，主要在资源整合方面为学生提供清华科技园不同的资源，来保障课程的顺利开展，真正地实现产教融合，例如，组织更多的企业家资源和投资人，从更高的维度上来帮助学生接触更多的资源，整合科技服务行业内科技、金融、咨询、法律类等相关中介服务机构资源对学生创业团队展开融资对接，以及多对一的诊断与辅导。在真正创业实践的过程中，还为创业者提供包括但不限于公司注册、投融资、人力资源对接等市场开拓的事情。"他说："多年来，我们的课程里形成了一批师生共创的骨干力量，也出现一批创业意识非常强的优秀学生，有非常多的学生确确实实通过我们的课程梳理了他们的目标，得到了帮助。课程不仅帮助学生们'点燃一团火'，激发创新创业潜能，在学生的学习与实践过程中也起到了'助燃剂'的作用。"

六、田雨

清石资产管理集团有限公司总裁

　　田雨是清华大学精仪系1999级校友，2008年博士毕业后从事创业投资工作多年，曾任清控银杏创业投资管理（北京）有限公司投资总监、董事总经理。2013年，田雨博士以类似课程特别助教的身份加入"创办新企业"课程，当时有些学生想要创业，有些创业项目想要课后辅导，他经常在课后跟这些学生交流，后来跟课程接触逐渐变多，慢慢地也参与到讲课环节。

　　田雨博士说："作为清华校友，我对学生创业的事情还是很有热情的，我们做投资行业的需要不断接收新的想法。清华大学学生思维比较活跃，尤其'创办新企业'课程的选课同学都是研究生，他们在学校接受了很多实验室的新东西，虽然他们的想法和思想不见得那么成熟，但是他们多少能感觉到这个方向，或者哪些事情会比较受到大家的关注。"

　　田雨博士说："对投资人来说，工作内容之一就是跟不同的创业者聊天、交流。从大逻辑来讲，创业这个活动在清华学生里面还是小众的，'创办新企业'课程提供了一个自由交流的空间。"田博士认为，课程达到一种双赢的局面，老师看学生的创业思路、想法，反过来也可能会启发老师的一些观察和思考，是相互印证的一个状态。

第三节　课程的教育理念

"创办新企业"课程的目标是培养"兴业之士"。课程秉承清华大学"自强不息，厚德载物"的校训，创新地践行"三位一体"的教育理念。

清华大学以价值塑造、能力培养和知识传授"三位一体"为教育理念，即：以"价值塑造"为引领，强调在"能力培养"和"知识传授"的过程中实现价值塑造，体现了育人过程中价值、能力和知识之间的有机融合。其中，"价值塑造"是学校教育的第一要务和育人的根本；"能力培养"要让学生在受教育的过程中获得更广阔的成长空间，获取更大的成长幅度；"知识传授"要使学生获得宽口径、厚基础的扎实训练，具备核心的专业素养和跨学科的知识结构。"三位一体"的教育理念落到实处，就是要让清华培养的学生真正成为肩负使命、追求卓越的创新人才。[①]

"创办新企业"课程是清华大学创新创业教育的重要环节，积极践行了清华大学"三位一体"的教育理念，搭建了"从理论到实践"的创业教育课程体系。在重视价值塑造、能力培养和知识传授的基础上，针对创业人才培养，我们增加了生态赋能这个新维度（如图2-7所示）。

清华大学"三位一体"的教育理念　　　　"创办新企业"课程的人才培养模式

图 2-7　"创办新企业"课程的人才培养模式

"创办新企业"十分重视培养学生"厚德载物、自强不息"的精神，塑造学生的价值品质，帮助学生从一个初步的概念、一个技术能力和技术雏形中找到初步解决方案，实现创业和创新。值得注意的是，贯穿其中最重要的精神是"厚德载物、自强不息"，创业者的人品通常排在第一位，人品就是厚德载物中"德"的部分，

---

① 　https://www.tsinghua.edu.cn/info/1177/105561.htm

创业的核心离不开创新，创新就是一种"自强不息"，即不断地革新、不断创造新的东西。

创业是一种复杂的创造性活动。课程帮助那些想尝试创业，或有好的技术有机会开展商业探索，或在创业路上"走了一段"的学生，提供基础知识、培养创业能力。课程帮助学生认识创业的一般性过程，以及面对实际问题的解决之道，比如怎样领会国家政策、怎样面对投资人、怎样估值、怎样解决好知识产权、怎样谈判、怎样组建和管理团队，以及创业者短期看不到而长期起作用的完整知识结构。如同现代管理学之父彼得·德鲁克讲的"管理是一种实践"一样，需要把实际中存在的问题变成在课程学习中遇到的问题，让学生做到防患于未然或者见怪不怪。

课程重视对学生的价值塑造，引导他们重视企业社会责任，鼓励更多的学生/团队发挥清华研究生的自身优势，通过创业特别是科技创业来创造价值，服务社会和国家。

课程还通过多种方式为选课项目团队提供生态赋能。创业常常需要多方面的资源。对于那些快要毕业并将正式走向创业之路的研究生们，他们拥有的是技术或技能和对开创新事业的热情，但他们通常缺乏其他方方面面的资源，因此他们在创业之初，常常举步维艰；一些同学常常为此不得不放弃不错的创业项目。对此，我们课程组教师早就看在眼里，记在心里，并通过多种方式为课程项目团队提供生态赋能，如：课程为拟创业的学生和项目团队"背书"，设立课程创投基金，建设"创业行"社区等。

第四节　课程创新——"五个一"

开课之初，在世界范围内，大学与产业界联合办学，面向理工类学校的研究生开设素质类创业教育课程不多见，而国内采用这种模式上课就更少了。

"创办新企业"的课程模式在中国乃至世界都具有创新性，其中，"创办新企业"课程独创"五个一"：即拥有一个课程口号、一个课程logo、一个团队编号、一个基金与一个社区（如图2-8所示）。其中，课程口号是课程对"知行合一"理念的具象化；课程logo和项目团队编号是课程重视"团队学习"理念的标志，课程创投基金与课程社区是课程对选课学生团队生态赋能的重要抓手。

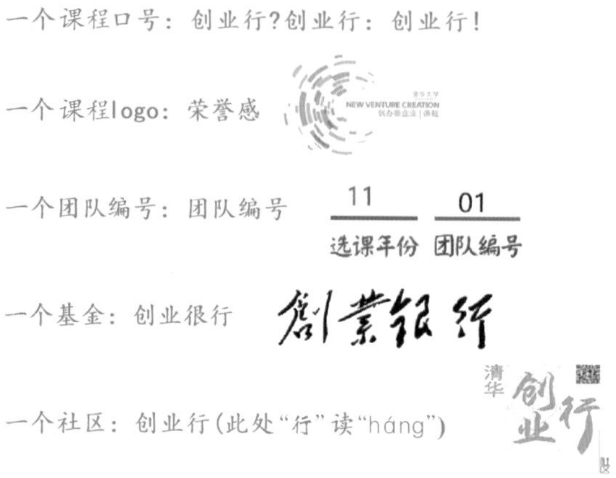

一个课程口号：创业行?创业行：创业行！

一个课程logo：荣誉感

一个团队编号：团队编号 <u>11</u> <u>01</u>
选课年份 团队编号

一个基金：创业很行 创业银行

一个社区：创业行(此处"行"读"háng") 清华 创业行

图 2-8 "创办新企业"课程独创"五个一"

一、一个课程口号

"创办新企业"课程口号是："创业行？创业行：创业行！"蕴含着一种"动态"过程，是一种从对创业疑惑到对创业清晰的过程，也是知行合一的践行过程。

课程面向真实的创业项目，是把学生在创业实践过程中面临的实际问题作为探讨核心，以问题为导向进行授课，不仅重视理论知识的传输，培养创业的思维和技能，还重点强调学以致用，获取真实创业的体验感，从而提升学生在创业不确定性中发现机会和关键决策时机，使创业者的代价最小。课程不断进行形式创新，不断优化课程内容，例如，有针对性地增加创业心理学的教育，增加企业社会责任相关内容。在课堂上，教师会采用一些"角色互换"等创新形式，例如，让学生当"投资人"和让老师当"创业者"，其中，"创业者"讲一个启迪创投所投资创业企业的商业计划书；每个"投资人"据此给"创业者"写一份投资意向书，把投资条款的关键内容列出来；老师再组织同学们讨论。在这个过程中，学生可以发现自己给的方案与真实投资人的偏离度。这种角色互换和模拟投资的教学方式可以帮助学生更好理解融资谈判的过程和交易条款的设计。

因此，"创办新企业"课程持续给项目团队的学生以反馈，项目团队对其创新创业项目不断反思和迭代完善，比如，"评估项目有没有挣钱的能力？""产品如何进行市场定位？早期客户如何选择？""商业模式如何设计？"这些关键能力都是在"创业行"过程中慢慢建立的。

二、一个课程logo

"创办新企业"课程是以创办新的企业为重要目标,采取一种创新的选拔机制:先以团队的方式提交实际的创业计划书进行初步筛选,再对进入第二轮的项目团队进行面试,面试通过后的团队才能加入课程进行创业训练,因此,课程本身既类似于一个"微型孵化器",又像是一个"准加速计划",是直接接近市场的,是"真刀真枪讲实践"的创业教育课程。

自2011年开课到2024年春季,课程已选拔289个项目团队,选课学生来源几乎涵盖了清华大学所有院系。

"创办新企业"课程自开课之初就设计了课程logo。logo图案初看似乎没有规律,仔细看发现是一个同心圆,寓意创业似乎没有规律但又有些规律,有规律是指前人在创业历程中做了很多尝试,有很多经验和教训是相通的,可以总结提炼;没有规律是说创业的路径不能复制,所有的路径是不一样的;成功不能复制,所有的成功都是不一样的。还会发现图案中所有的同心圆都是开放的,寓意着创业整个过程都是一个开放生态的融入和构建。同时,每位选课学生拥有一枚基于logo的课程专属徽章,以此获得一份荣誉感。

三、一个团队编号

课程强调团队学习,每一个项目团队都拥有唯一识别的团队编号,编号由4位数以"年份+序号"的形式组成,比如,2022年的24个团队编号就是2201—2224。团队编号有助于学生与学生之间未来的互动、耦合,从而获得课程的归属感。

四、一个基金

不论技术含量多高,在创业过程中技术都不是全部,"创办新企业"能够帮助学生从商业角度完善创业实践,实现对创业项目团队的生态赋能。

一是课程直接赋能,"创办新企业"课程为要创业的同学们提供了很好的背书,使他们的创业更有正当性,从而有可能更快更好地获得相关创业资源。例如,课程结业时候要进行项目路演,课程邀请一批创业投资机构管理者来当答辩评委,通过这种方式,课程的创业项目团队与创业投资机构建立了联系,一些项目后续直接得到了它们的投资。还有的同学在上课过程中认识了嘉宾企业家，并在后续交往过程中得到他们的认可，其创业项目赢得了他们的投资。

二是设立课程创投基金。"创办新企业"设有一个基金——"创业很行"，首期投资资金2000万元，作为重要的教学工具，课程基金为课程提供了"真枪实弹"。早期项目通常很难获得外部的投资，设立课程创投基金，是为那些有潜力的学生创业项目提供"第一桶水"。课程承诺，每期课程中至少有一个项目有机会获得这个基金的投资；同时课程还把优秀的项目团队推荐给其他创投机构。

五、一个社区

"创办新企业"为学生搭建了一个创业社区"创业行（háng）"，把创办企业所需的资源作为课程的重要基础和延伸，社区能够为本届学生与往届学生、本届学生与外界社会提供分享、交流与资源对接的平台。通过这个平台，那些要创业或已经在创业的同学们可以相互激励和帮助，"抱团取暖"。通过举办"创业行峰会""门诊式沙龙""咖啡式沙龙"等系列活动实现创业信息分享和交流；通过清华科技园启迪孵化器平台，借助"孵化服务+创业培训+天使投资+开放平台"四位一体的孵化服务体系，帮助"创办新企业"本届与往届创业学生进行创业项目孵化和相关资源的链接，助力企业的创办与成长。

第二篇　创业行

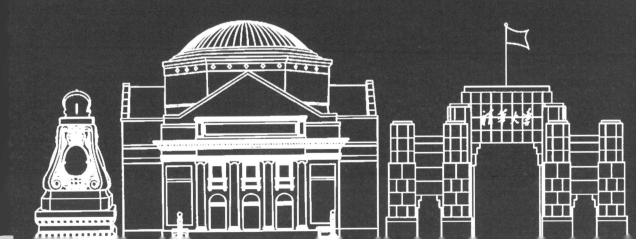

第三章　关于创业，你需要知道的关键节点

针对清华研究生选课同学的特点，授课老师团队结合各自的专业学术领域和实践探索，在教学实践过程中共同梳理和完善了"创办新企业"课程的结构图，见图3-1。

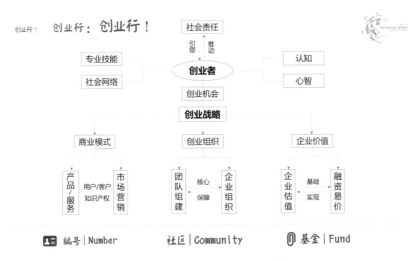

图 3-1　"创办新企业"课程结构图

课程主要从创业者和创业战略两大方面开展相关的教学内容。

（1）创业者部分探讨了创业者的特点，这既包括创业者的专业技能、社会网络，也包括了创业者的认知和心智；课程还特别强调了创业者的社会责任；上述因素将共同影响创业者对创业机会的识别、评估和选择。

（2）创业战略部分包括商业模式、创业组织、企业的价值评估、创业融资及交易定价。

在教学过程中，第一部分教学目的主要是促进选课同学对自己创业素质的评估和反思，帮助他们更好地结合国家、社会的需求和科技发展的趋势来确定合适的创业方向；第二部分则是创办一家新企业过程所涉及的关键要点，是本课程教学的重点，同时在教学中会不断涉及第一部分的问题，不断促进同学们自身创业素质的反思和提高。

由于每个课程项目团队均已经有具体的创业项目（至少有一个完整的创业计划书），在课程教学过程中，教师团队会邀请业界资深人士来帮助项目团队诊断，进行探讨；一些项目团队在这个过程中不断完善现有的创业项目，一些项目团队会做一些局部重大调整，一些项目团队会在深入地分析和调研后发现其项目没有前景而选择新的创业方向。限于篇幅，本章仅就课程的部分关键内容展开阐述。

第一节　创业机会识别

一、如何决定要不要创业

不论是准备创业的创业者还是正在创业的创业者，在作决策时，都会面临着各种潜在收益和机会成本的权衡取舍，也面临着风险和不确定性。很多时候，作出明智的创业决策是非常困难的。

我们认为在决定是否创业的时候，至少应当从以下四个方面进行考虑。[2]

第一，创业机会的潜在价值。自己是否发现了有价值的机会？并不是所有的想法都具有创业的价值，投入大量精力与资源去践行不具有潜在价值的想法，这极有可能会使创业者"竹篮打水一场空"。因此，是否发现及如何发现或创造有价值的机会，是创业过程中最基本的问题。

第二，创业者的个性和动机。自己是否拥有优秀创业者所需要与具备的个性和动机？比如渴望成功、愿意去承担风险、具有领导力和牺牲精神，以及高度的责任感，等等。

第三，创业者的知识、能力、经验、资源和网络。这并不是要求创业者本身完全具备这些，也可以通过组建合适的团队来弥补个人的不足。

第四，创业者的学习意愿和能力。即在创业过程中，随着企业发展和外部环境不断变化，是否能够始终保持一种学习意愿和学习能力。这个学习能力不是停留在狭义的技术层面的知识，可能是更广泛的能力上的学习。创业学习在创业过程中是非常重要的一件事。

综合以上几个因素，创业者可以对照分析一下，自己是不是适合创业，或者说自己现在正在创业的事情，是不是一个真正合适的创业机会或创业项目。如果不合适，可以适当停止，去寻找更合适的机会。

二、创业机会的来源

创业机会来源于哪里？

首先，机会来源一个很重要的方面是信息。创业机会的存在是因为人们拥有不同的信息，不同的信息导致不同的决策，更好的信息导致更好的决策。在这个过程中需要不断搜集新的信息，不断完善创业者的各种决策和判断。

机会来源还有一个很重要的方面是变化。变化可能从四个方面带来机会，第一个是新技术变化，比如互联网技术的变化产生各种机会；第二个是产业结构变化，产业结构变化常常和技术变化有关系；第三个是政策的变化，改革开放后创业精神得到充分释放，新技术与政策叠加也会带来新的机会，如当前提出的"双碳"、数字化等；第四个是社会、人口特征的变化，比如中国的城镇化发展，带来教育、房地产以及其他相关服务的变化。另外，中国人口老龄化趋势越来越明显，如何为老年人提供医疗、养老等各种服务，也是一个很重要的机会。

三、商机的选择与把握

如何把握商机和选择商机？

首先，商机要和创业者本身的个性能力相平衡。如果创业者拥有的资源和能力非常有限，承受力也很有限，那可能并不适合选择非常前瞻性的创业机会。因此，同样的机会，对某些人来说可能是个机会，对另一些人来说则可能不是机会。

其次，任何一个商业机会都有"机会之窗"。就好比做一件事情，五年前去做非常好，现在可能就没这个机会了。任何产品或产业发展，通常都存在一个S曲线，在一开始的时候，它成长很慢，到一定阶段以后有一个拐点，加速发展，加速成长，再到一定阶段以后又慢下来了。我们所说的"机会之窗"，通常是在两个拐点之间。虽然任何一个阶段都有创业机会，但是一个比较快的集群式发展机会是在这两个点之间，这个时候可能融资机会也大一些。总体来说这个机会对大部分创业者来说是更好的。

人们常说，时势造英雄。20世纪末开始涌现的互联网大潮成就了阿里巴巴、百度、腾讯等互联网巨头，如果没有时势，英雄也难有用武之地。所以作为创业者来说，首先要把握住大势，然后推动，在选好大的方向以后，发挥自己的英雄才能、聪明才干。某种意义上，选择机会甚至比执行力更重要。也就是说，做正确的事情比正确地做事更重要。

第二节　商业计划开发

一、如何构建商业模式

商业模式的概念起源于美国20世纪50年代。世界管理学大师彼得·德鲁克说："企业之间的竞争不是产品的竞争，甚至不是服务的竞争，而是商业模式的竞争。"

但是谈商业模式的时候，首先要谈的反而是企业价值，今天企业的价值不再是传统的生产制造环节、批发环节，更多来自研发、服务环节。各个行业的价值链、利润池都在被重构，所以要站在产业链的高度思考如何构建企业的价值链。

当能够站在产业链的高度进行思考和再造的时候，就可能设计一个独特的盈利模式，颠覆行业传统的盈利规则。在这个过程当中，要去思考如何实现自身的可复制，突破扩张的瓶颈。

当有了很好的盈利方式，并突破自身的扩张瓶颈之后，就要去思考如何通过掌控核心资源，来建立较高的竞争门槛。不少创业者经常本能地去保护自己商业模式的秘密，但其实同样的商业模式在同一时期会有很多人提出来，现实中完全保密也是很难的事情，最关键的还是要通过核心资源去建立较高的竞争门槛。这个核心资源可能是巨大的用户量、特殊的渠道，甚或是一个有影响力的品牌，等等。

这时商业模式就有雏形了。在这基础之上还需要去思考，如何站在生态系统的高度去构建商业模式，这就是商业模式的最高境界。

二、如何做好产品营销

中国有一句古话，叫作"酒香不怕巷子深"，反过来也有人说，"酒香也怕巷子深"。但关键是酒要香，要是不香，巷子不管深或者浅都卖不掉。所以营销的本质首先还是要产品好。

产品是道，营销是术。产品质量好是前提，同时术也要做精。术的核心是什么？是根据消费者的需求点，制造产品的一个特点或差异点，也是广告或传播里面的宣传点，如果用户的需求点和产品的特点、广告的宣传点三点合一的时候，营销的效率会大幅提升，会让你的产品在初创阶段就获得消费者认同，获得更广泛的市场占有率，同时也给初创企业带来更好的收益。

另外，一个初创企业或产品的名字非常重要。这个名字凝聚着创业者对市场、对需求、对定位的一个高度理解，一定要慎重，要下大功夫。企业请代言人，不仅仅要有知名度，而且要有关联度。有了好名字加好代言人，初创企业往往能够事半功倍。

三、如何写好商业计划书

商业计划书是纲领，要做成一件事情，细节会非常多，有哪些东西是需要坚持的，哪些可以体现出企业与众不同的地方，需要商业计划书的开发。

什么是好的商业计划书？第一，该讲的是否都已经讲到了？比如所在行业的整体分析，团队的详细信息，竞争对手的情况和客观的竞争分析。第二，该强调的是否已经强调了？特别需要强调的就是自己的核心竞争力。能够找到自己的长处和短处，知道怎么去扬长避短，怎样去生存和发展，就是核心竞争力的体现。第三，该精练的是不是都已经精练过了？与项目无关的描述等要精练或去掉。第四，该提醒的是不是都已经提醒到了？那些有可能团队没有想清楚的，也有可能对项目有非常大风险的事项，都需要体现出来。

商业计划书的开发过程是创业者自我提炼的过程。开发一份好的商业计划书，首先，创业团队要对真实的商业世界有充分的了解，同时要了解客户和用户的情况，并且也了解自己的能力边界，自己能做什么，不能做什么。其次，必须紧扣商业逻辑。无论坚持什么样的核心价值，竞争永远是存在的，而且随着商业价值、商业逻辑的演进，竞争是越来越激烈的，一定要有这样的思想准备。最后，商业计划书一定要反复锤炼。必须通过反复讨论、反复琢磨、反复修订、反复厘清疑点，把那些不必要的、可能错误的东西修剪掉。但同时也要记住，千万不要试图寻找完美方案，因为商业世界是不完美的，不可能所有的问题都能面面俱到地得以解答。

第三节　创业团队组建与管理

一、独自创业还是合伙创业

在创业的过程中，是一个人单干好，还是和合伙人一起干更好？这两种模式实际上各有利弊。如果选择一个人单干，好处是自己说了算，控制权是100%，但是创业企业经营管理上所有的风险都由自己来承担。如果是与人合伙，好的方面是能够实现团队的优势，更好地去分散经营的风险，这往往也是很多投资人喜闻乐见的一个方式，但同时也需要很好地解决合伙人之间的控制权如何分配的问题。

随着市场竞争越来越激烈，机会窗口越来越小，留给创业者慢慢成长、弥补自身不足的时间越来越短了，在这种情况下，合伙人就成为创业的一个趋势。比如国外的Google、Twitter，以及国内的阿里巴巴、新东方，很多创业企业都采用合伙人的模式，它的根本目的就是促进合伙人之间能力互补，从而以更快的速度获得创业的发展和成功。

（一）如何选择合伙人？

如果是合伙人机制，应该选择什么样的人作为合伙人？在创业过程中，能够给我们带来贡献的人，并不一定能够成为真正的合伙人。在选择合伙人的时候要非常慎重，真正的合伙人要符合这个原则，即志同道合，能力互补。这几个字，说起来很简单，但实际上其中有它的深意。什么叫志同？讲的是对创业这件事情的愿景，甚至是整个业务模式，有相同的志向和愿望，希望投身到这个事业中去。所谓道合，讲的是大家的价值观相同，做事的方式方法是相似的，通俗地说大家是一类人。而能力互补讲的是大家的能力、优势各不相同，核心能力是互补的，这个团队才能更好地结合在一起，取得成功。而且，合伙人还要讲究三个词，叫做共创、共享、共担，共同创造，共同分享是容易的，难的是共同承担，共同承担风险，共同承担责任。

海斯凯尔的创始团队便是典型的志同道合、能力互补。第一，他们有比较好的感情基础，三位创始人邵金华、孙锦、段后利，都是2000年进入清华自动化系，早在学校上课的时候就相互帮助支持，有了较好的团队基础。三人中邵金华比较忠厚，大家对他很信任，孙锦比较灵活，段后利逻辑性强，这样的团队相对来说结构上稳定。第二就是做事都比较踏实，性格上不计较，在出现问题的时候，大家都愿意把自己的利益让出一部分来解决这个问题。第三就是三个人的抗压能力都比较强，顶住了创业过程中的很多压力。

（二）如何选择投资人？

很多创业者认为融资就是一个找钱的过程，只要能找到钱，出价越高越好，但事实上完全不是这样。要认识到投资人为什么要投资创业企业。他们投资创业企业是为了追求在一定时期里的投资回报。但是在相对固定的时期里，投资者的投资回报最大化和创业者追求自己创业事业的根本成功，在某种程度上并不是一致的目标。在融资的过程中，创业者首先要想清楚为什么融资，更重要的是要想清楚企业如何生存和发展，以及如何给投资人想要的回报和收益，在这种前提下再去融资。并且，创业者要选择志同道合的投资人，投资人对企业的业务模式、发展战略是深度认同的，而且能够在相应的行业里提供所需要的资源。更重要的是，投资人和创始团队之间有着一种根本的、深层次的信任和支持，这样的投资人才是真正能够陪伴创业企业一直走下去的、能提供助力的投资人。

二、治理结构与股权分配

治理结构包括三个层次的内容：首先是由各方股东形成一个股东会，股东之间如何去分配股权，这是治理结构要面对的最重要的问题。其次，股东会委托董事会作为公司的最高决策机构，来行使公司的根本决策。最后，经营管理团队受董事会的委托，在董事会的授权下去进行企业经营管理。股东会、董事会和经营管理团队这三者之间如何形成一个责、权、利的合理分配、平衡，实际上就是治理结构要解决的一个最根本的问题。

股东结构往往是治理结构中最关键的，如果考虑不当，对于企业的生死会产生根本性影响。首先来看核心的创业者。创业者应该是企业的大股东。创始人到底占多少股权是合适的，实际上是根据他对这个创业企业的贡献来决定的。比如拥有超过2/3的股权，那就意味着创始人拥有着这个企业的核心的资源、核心的技术。而合伙人也一样，合伙人根据在企业中的贡献，也会占有不同的股权，少的可能会占到百分之十几，多的可能甚至超过50%。其次是投资人。早期进入创业企业的投资人，他们获得股权的比例通常在10%～30%之间。投资人其实并不想拿到太多的股权，因为如果过多稀释了创始团队对企业的控制权，会使得创业企业没有主人，这实际上是最可怕的。投资人往往也不希望股权太小，否则他的话语权会比较小。最后就是管理团队，在创业企业逐渐壮大起来之后，会不断加入新的管理团队，因此创业企业要提前为管理团队预留一个大概10%～15%的股权池或者是期权池，来激励后面加入的管理团队。以上就是一个常见的、比较合理的创业企业股权结构的组成。

需要强调的是创始团队一定要想好自己的股权分配。常见的学生创业团队，可能不好意思去谈谁的股权多一些，谁的股权少一些，结果平均分配了股权，这样的企业实际上是没有控制权的，或者说没有真正的主人，创业过程中一旦碰到问题，如何去决策就会变成一个很大的障碍。孙陶然先生在他的《创业36条军规》这本书里面，对股东之间要约定的规则有非常精彩的阐述。他谈到，股东之间真正应该做的是要花时间坐下来，就股东之间的若干关键问题讨论清楚，并且签署协议。比如说要约定股东的义务，股东除了出资之外，还应该对企业有什么样的义务？而且要说清楚，如果没有完成这些义务，应该如何处理？再比如要约定股东的决策机制，谁是这个控制权的掌握者，这个企业如何去进行决策？还有一个非常重要的话题，要事先约定股东的退出机制。刚开始共同创业的时候，可能大家都是满腔热情，没有想到将来会碰到的困难或者是分歧。因此，如果能在一开始的时候就谈清楚，当碰到何种情况的时候，股东就要启动这样一种退出机制，这实际上是为创业企业未来发展作出的最妥当的安排。这些都是在股权结构层面要回答的，也就是治理结构的最关键的问题。当股权结构谈清楚了，决策机制谈清楚了，股东会就能够以一种达成共识的机制来委托董事会进行企业决策。

治理结构还有一个非常重要的问题，就是解决董事会和经营管理团队之间的一种权利、责任的分配和平衡。我们知道董事会代表的是资方，是受股东会的委托去管理企业，而经营管理团队代表的是经营管理方，双方的立场、视角是不同的，但是，在公司大的战略问题上双方是一定要达成共识的。这些都是治理结构中非常关键的问题。

三、企业的人才和文化

人才和文化是企业发展最本质、最重要的一个话题。没有合适的人才，任何好的创业模式都是不能实现的。创业企业究竟应该如何去选择自己所需要的人才？对于创业企业来讲，是人的能力重要还是他的潜力重要？是应当更看重他的品格还是更欣赏他的勇气和激情？首先，能力代表的是他当前的素质和经验，但是，创业企业往往在做着很多创新的、复杂的、以前没有做过的事情，那么一个人的核心素质和他的潜质就变得很重要了。其次，一定要强调的是品格，这在创业公司选择人才的时候是非常关键的。有能力没品格的人，给企业带来的伤害是最大的。当然，对于创业企业来讲，这种追求事业、追求梦想的激情和勇气也是选择人才的时候必不可少的一个要素。

创业企业招人选人实际上是非常难的，小米的雷军先生说他要拿出至少1/3的时间，甚至一半的时间用来招人。在这个过程中，创业者要付出百倍的诚意，要能够清晰地描述自己的业务和发展的前景，也要能够提供富有吸引力的待遇，等等，这些都是吸引人才非常重要的要求。所以，创业者要把足够的精力花在找到对的人。

那么怎么找到对的人？就是，不要被经验和头衔所迷惑，也不要去找那些感觉上没有什么毛病的人，要找让你两眼放光的人。在跟他沟通的过程中感到非常兴奋，在创业的事业上，大家有共同的想法和志向，而这个人所表现出来的能力恰恰是企业所需要的，只有这样的人才是那个对的人。

再来谈谈企业的文化和价值观。当我们走进一个企业，墙上挂着很多标语，那个是不是企业文化？其实不一定是。企业的价值观和文化，就像人的人生观、价值观、世界观一样，它可能相对比较虚，但却是最本质的话题。一个创业企业，特别是创始人、创始团队都应该在创业伊始认真思考：我们是谁？有什么样的价值观？价值观的核心问题是如何对待客户，如何对待彼此，碰到困难怎么办，怎么看待成功，等等，这些代表了企业的灵魂。一个企业的道，决定了它是一家什么样的企业，决定了它会吸引来什么样的人。所以，价值观是企业非常本质的问题，它最终决定了企业可以组建一个什么样的组织，可以达到一个什么样的水平。

第四节　创业融资与创业企业估值

一、投资机构怎么找项目

企业想要从投资机构找到钱，需要先了解投资机构想要找什么样的项目，所谓知己知彼。投资机构选择项目不是盲目的，在看到项目后通常会做一个很周全的投研分析。好的投资机构会有比较强大的投研部门，投研部门主要做以下几类事：第一，看风口在什么地方，在哪个领域、哪个行业可能有比较好的投资机会。第二，看这个行业的驱动因素是什么，商业模式核心竞争力是什么，是靠产品，靠市场，还是靠垄断资源。第三，判断在这个行业里投资介入的最佳时机是什么，退出的方式是什么，是通过并购或 IPO，还是通过其他的方式。第四，判断在这个行业投资，可能会获取的收益是什么。

当研究判断出来投资的机会之后，投资机构就要去找好的项目来源。通常获取项目的方式有很多种，有的是去主动寻找项目，有的是项目上门找资本，也有的是同业投资人介绍，还有一些其他机构的推荐。

找到项目之后，投资机构就会启动投资决策的流程。首先是对这个项目进行初步分析，之后进行立项。立项之后，投资机构会进入尽职调查的程序。尽职调查可能涉及了解企业的方方面面，包括技术、产品、团队、运营等基本的制度建设，以及财务、法律方面的问题等。最重要的两点应该注意：一是投资机构会对企业的核心业务做认真反复的推敲，看看是不是未来有足够的成长性；二是对创业团队做认真的进一步调查。投资机构选择项目通常是这两个标准，第一个是找对人，第二个是找对事。

二、创业企业如何选择投资机构

投资机构是有差异的，对于不同的投资机构，钱有不同的含义。初创企业选好投资机构，这对企业的成长是有帮助的。创业企业选择资本的时候一定要考虑：除了钱之外，投资机构还能给自己带来什么？比钱更重要的东西是什么？比如投资机构资本市场的运作能力，产品市场的整合能力，对公司战略发展提出建议，以及良好的商誉等，这些都可能对企业后续的发展带来支持和帮助。

另外，要认识到投资机构会考虑项目的风险。投资机构认为，创业者是风险制造者，自己是风险承担者。为什么会有这样一个立场的差别？因为投资机构在过往的投资实践中，看到更多的是失败的案例，成功的仅仅是凤毛麟角，所以它对企业甄别会很认真，对风险的保护和控制会更严谨一些。

知道了投资机构的这个投资心态和投资经验，创业者应该学会和投资机构进行有效的沟通，比如尽可能量化一些发展目标，尽可能坦诚地交流对企业未来发展的预期和想法来获取支持。另外，创业者应该保持一个更开放的合作心态。合作在当下社会无处不在，如果一个创业企业能够成功获得投资，达到自己的目标，当然是好的，如果做不到也没关系。投资机构都有很强的专业能力，可能在投资过程中会给出很好的咨询和建议。另外，如果它喜欢你的产品和服务，把它培养成客户也是一个不坏的选择。同时，现在的社会是高度融合的，信息无处不在，结识更多的朋友，整合更多的资源，也能够帮助企业发展。就如玮航科技联合创始人李也（团队编号1902）所说："课程中对接的投资机构虽然最后没有给我们投资，但投资人的反馈让我们对创业、对产品有了更深入的理解和反思。"

三、什么影响创业企业估值

关于创业企业估值的关键实际上是两类问题。

第一类问题是本质问题。什么决定一个企业的价值？一个创业企业生存的根本是能够满足客户的需要，它的产品是有优势的，是能够盈利的。所以从估值的角度来说，一个企业有没有价值，关键看它是不是能够创造价值。

第二类问题是要素问题。第一个要素问题是阶段，每一个创业企业，在不同的发展阶段它的价值是不一样的。第二个要素问题是行业，有些企业在风口上，所谓在风口上指的是这个行业发展非常好，企业可以顺势而为，所以这些行业企业，人们往往对它们有很高的预期。但如果是在一个传统行业中创业，企业在估值上往往就不那么乐观。第三个要素问题是团队。一个有经验的团队相对没有经验的团队，他们的创业企业的估值就更容易高一些，因为人们相信他们能够做好。第四个要素问题是技术。新技术的存在往往会给一个创业企业估值加分，因为它在一定程度上有可能创造一个新市场。第五个要素问题就是资本市场。当资本市场非常高涨的时候，同样的项目估值就会高一些。但如果资本市场处于下跌的过程，或者说一直处于熊市，那么所有的投资人，包括创业者本身，对未来预期都会大打折扣，同样的一个公司，相对的估值也就会低一些。

四、投资谈判与谈判条款

当确定企业的价值之后，下一个关键的环节就是投资谈判。初创企业通常这方面的经验相对较少，一些创业企业会担心在谈判的过程中丢掉原本属于自己的利益。创业者认真学习投资谈判的一些基本规则和规律，这对促成有效率的谈判、保证自己的基本权益是有帮助的。

（一）商业交易的基本规则

商业交易是有基本规则的。首先，交易的本质是互利双赢。任何一个交易如果能促成，肯定是买卖双方都达到自己的目的。既要达到自己的交易目的，还要充分考虑交易对手的诉求。其次，商业规则的基础是公允和诚信。在任何商业活动里，如果没有公允的定价基础，没有诚信的交易态度，这个交易很难持续。最后，投资谈判一个很重要的前提，是对交易价值有一个基本的预期。

（二）投资协议条款的设计

讨价还价的目的是达成交易。在交易条款设计里，有两方面是应该注意的。一是要充分体现双方核心的利益，任何一个好的交易条款都不是单边的，而是双方的。二是要遵循投资行业和创业里基本通行的一些规则。

一个标准投资协议条款核心内容有以下几个方面。一是公司的估值和投资的金额。公司估值应该先考虑企业融资的需求，也就是企业在发展过程中需要多少钱，然后再去考虑企业的价值。在融资以后，通常情况下，每次融资创业者会出让10%～30%的权益。一个企业从初创到成熟，一般要经历三到四轮的融资。目前在中国资本市场上市的企业，核心创业者手里还能拿到的权益在30%～40%之间。

二是探讨投资的先决条件。比如需要把第一代的产品研发出来，或者是把目标客户先拿到，把第一个订单先拿到，等等，这些都可能构成投资先决条件。任何一个创业企业在获得投资的时候，投资机构都会对企业成长提出要求，在投资协议里通常会有一些明确的条款和约定，比如团队股东的业绩承诺，以及对这个承诺的保障等。

三是一些维护投资机构利益的条款设计，如回购条款和强制跟随出售条款。回购条款是当企业发展到一定阶段，如果没有达到投资的预期发展要求，创业股东要回购投资机构的出资。还有强制跟随出售，如果投资机构认为企业发展和自己的预期有很大的差别，它会选择出售自己的股权，同时要求其他的股东，尤其是创业股东跟随投资机构一起出售股权，通常情况下会把股权卖给竞争对手，这条对创业企业有时候是致命的，并且这个条款的设计充分体现了资本在创业企业中有比较强的话语权。另外，投资机构通常也会在公司的章程和制度安排里充分体现自己较强的话语权。如在董事会里会有席位，会要求投资机构委派的董事在一些重大的决策中有一票否决权等。

还有一些条款，虽然并非核心，但是对创业者也是约束性的条款设计。比如同业竞争的限制，如果创业者或者创业团队的核心成员离开公司，选择其他的工作岗位和就业机会时必须遵从同业禁止的相关要求。还有排他性的条款设计，即在跟投资机构进行商业谈判和沟通的时候，不能同时跟其他投资机构谈同一个项目的投资，这样会充分保护投资机构在投资前期的投资垄断性。

创业企业熟悉这些投资的条款，有助于它们和投资机构更好地达成投资交易条件，后续即可按照投资机构正常的程序去推进，比如签署相关的协议，做投后的制度设计和投资监管安排等。

学堂在线"创办新企业"课程链接：

https://www.xuetangx.com/course/THU67011000860/19316615?channel=i.area.recent_search

第四章 支撑学生创业的多维课程生态

清华大学"创办新企业"致力于不断整合创新创业资源，为创业学生打造多维课程生态。这门课程不仅融入清华大学整体的创业人才培育体系，而且建立了"创业行（háng）"社区，加强了清华校友创业者之间的交流和互动。并且通过课程配套的"创业很行"投资基金，为选课学生创业者提供实战演练机会，尤其是清华科技园和启迪之星的"孵化+投资"服务，为创业企业发展提供有力支撑，从而逐步形成了一个充满活力的创新创业生态圈。

第一节 清华大学创新创业教育体系

清华大学始终秉承"创业教育的核心是教育，创新是创业教育的基础"这一核心理念，以培养创新型创业者为目标，探索价值塑造、能力培养、知识传授"三位一体、三创融合"的创新创业教育模式，推进高层次创新创业教育，激发和培养学生的首创精神、企业家精神和创新创业能力，服务于国家创新驱动发展战略、服务于学校跻身世界一流大学目标、服务于学生成长与成才。

清华大学开展创新创业教育的传统由来已久，其创新创业教育体系发展历程（见图4-1）可以追溯到20世纪80年代。1982年发起"挑战杯"竞赛活动，20世纪90年代初成立清华科技园，作为清华大学服务社会功能的有机外延和推动学校科技成果转化的重要平台。1997年成立学生创业协会，1998年在全亚洲首次发起举办了首个大学生创业计划大赛——清华大学创业计划大赛，随后该项比赛发展成为全国性赛事。同年，清华大学在国内管理学院中率先为MBA开设了"创新与创业管理"方向课程；2000年，清华大学中国创业研究中心成立；2002年，清华大学入选教育部创业教育试点院校；2003年起，清华大学开始系统建设创业课程；2007年，"创业管理"课程入选国家级精品课程（普通高校中创业领域的第一门国家级精品课程）；同年，清华经管学院和清华科技园联合开设研究生创业系列课程。

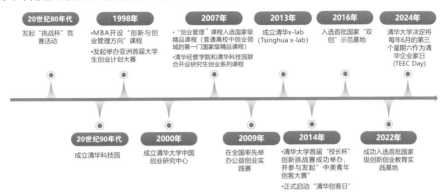

图 4-1   清华大学创新创业教育体系发展历程

2009年以来，清华大学提出并大力推进创新创业教育全面融入人才培养体系。2009年，清华大学在全国率先开始举办公益创业实践赛，将创业与公益相结合，运用商业化策略运营公益项目，该项赛事迅速推广至全国；2013年4月25日，清华大学正式成立创意创新创业人才发现和培养的新型教育平台，简称"清华x-lab"；2014年，清华大学启动学堂在线；同年，清华大学首届"校长杯"创新挑战赛成功举办，并参与发起"中美青年创客大赛"，以及正式启动"清华创客日"；2015年6月11日，由清华大学发起的全国高校创新创业教育联盟正式成立。2015年6月18日，清华大学携手美国华盛顿大学成立全球创新学院（GIX），致力于培养具有全球视野和创新能力的技术领军工程人才；2016年5月，清华大学入选首批国家"双创"示范基地，在全国高校中产生了重大的示范和引领作用；2017年6月，首届中国高校创新创业教育联盟年会举行，清华大学与全国600所高校负责人共谋我国高校创新创业教育发展；2022年，清华大学成功入选首批国家级创新创业教育实践基地。2024年，清华大学决定将每年6月的第三个星期六作为清华企业家日（TEEC Day）。

当前，清华大学秉承价值塑造、能力培养、知识传授"三位一体"教育理念，推进创意、创新、创业"三创融合"高层次创新创业教育体系建设，激发和培养学生的首创精神、企业家精神和创新创业能力。在这一教育体系建设过程中，清华大学不断推出"大学生创新创业基础""创办新企业"等创业课程，以及清华大学"互联网+"大学生创新创业大赛等赛事活动。此外，清华x-lab、"清华创+"等各类载体平台以及清华大学团委科创中心、清华大学团委创业中心、启迪控股、清控银杏、中国高校创新创业教育联盟等校内外支持机构，共同为有创业机会和能力的学生团队提供创业指导、资金支持和孵化赋能。

清华大学"创办新企业"自2011年开设，深度融入清华大学创新创业教育体系，属于清华x-lab教育实践板块"创新创业课程"，它与清华大学创意大赛、清华大学"校长杯"创新挑战赛等品牌活动紧密相连，成为清华大学创新创业教育体系的重要组成部分。在线课程于2015年在清华"学堂在线"推出。以清华大学"创办新企业"课程为起点，众多创业团队如海斯凯尔、艺妙神州、蓝晶微生物、星测未来、优镓科技等，在各自行业领域中崭露头角。

例如，海斯凯尔创始团队参加了2012年"创办新企业"课程，核心团队由清华医学院和自动化系的几名博士组成，团队编号1203，在该课程培育下得到显著的成长，并获得了3000万元的联合创业投资，且很快入驻启迪之星孵化器，2014年获评"启迪之星企业"称号，2015年获评清华科技园"钻石计划"企业，先后夺得了创新中国总冠军、"创青春"全国大学生创业大赛创业实践挑战赛冠军等诸多荣誉。海斯凯尔现已成为我国无创肝纤维化诊断领域的领军企业之一，其研制出的无创诊断系统被美国《大众机械》杂志评为改变医学的生物技术新突破之一，产品已在全国几十家三甲医院得到应用。再如蓝晶微生物创始团队（团队编号1515），他们于2015年参加了"创办新企业"课程，成为国内合成生物学领域在寻求产业探索道路上的先行者之一。2021年，蓝晶微生物B系列融资总额超6亿元，并获得了HICOOL全球创业大赛一等奖。他们开发的生物可降解材料PHA的工业化生产技术系统化降低了PHA的生产成本，是全球第三、中国第一家显著降低PHA成本并达到可规模化销售的公司，现已成为基于合成生物技术进行分子和材料创新的领军企业……类似这样的创业团队不胜枚举，他们已经在各自领域内崭露头角。

第二节 "创业行"社区

为增进历届课程毕业生之间的交流与合作，架起社会资源与创业团队之间的桥梁，为企业提供全方位服务，帮助创业团队更好更快地实现创业梦想，2014年清华科技园和清华大学经管学院联合清华大学"创办新企业"历届课程学生共同发起成立了交流平台——"创业行（háng）"社区。

　　"创业行"社区定期组织创业沙龙、投资路演等活动，持续关注并加强社区成员之间的联系，以及成员与投资人和社会其他社会资源的互动；依托清华科技园启迪孵化器形成的"创业培训+天使投资+创业服务+开放平台"孵化模式，将专业投资机构和培训机构的优势结合，并进一步整合各类社会资源，全面解决"创办新企业"课程学员在创办企业和科技成果产业化过程中遇到的人才、资金、资源等问题。

　　"创业行"社区每年为学生提供多种形式的交流活动，定期邀请正在创业的往届学生，与在校生分享创业感悟、交流创业经验。同时，每年还会举办一系列沙龙活动，例如：举办"咖啡式沙龙"（见图4-2），主要以咖啡漫谈的形式进行交流互动；举办"门诊式沙龙"（见图4-3），针对学生问题需求，邀请知识产权、投融资或科技政策领域的专家，对学生的问题进行专家门诊式解答。清华"创业行"社区里的交流方式自由而深入，与美国硅谷的"氛围"颇为相似。清华"创业行"社区还获得清华科技园启迪孵化器的全方位支持与服务，成为连接在校学生和社会资源的关键桥梁。在清华"创业行"社区里，启迪孵化团队整合各类优势资源，帮助"社区成员"进行创业孵化、创业资源对接，让学生获得相关"实战经验"，助力学生创业团队成功创办新企业。

创业行（纪录片）

图 4-2　举办"咖啡式沙龙"现场

如何培养创业者？清华大学"创办新企业"课程实践

图 4-3   举办"门诊式沙龙"现场

2020—2022年间，受新冠疫情影响，清华"创业行"社区未能如期举办活动。2023年5月30日，"创业行峰会"在清华大学经济管理学院建华楼成功举办（见图4-4）。作为清华大学"创办新企业"课程"课友"组织——清华"创业行"社区的年度活动，此次峰会由清华大学"创办新企业"课程、清华大学经济管理学院创新创业与战略系、启迪之星主办，启迪技转、清控银杏、中关村科学城科技服务业促进会协办，得到了清华大学研究生院、清华大学经济管理学院、清华大学团委、清华x-lab、清华 H+Lab、清华 iCenter的支持。峰会以"创新之梦，创业之行"为主题，特设"课缘—课述—课导—课籍—课论—课坛—课约—课凭—课谈"九大环节，特邀了往届部分课程团队以及投资人、企业家、创业服务机构代表等齐聚一堂，重温课程13载的点滴过往，并深入探讨创新创业教育的未来发展。活动现场，课程老师们为2023课程团队颁发课程证书，并为2020—2022课程团队补发了课程证书。

峰会上，梅萌教授以"因缘"二字破题——他说"因"是课程的初心，"缘"是外在的帮助。六位老师和十余位助教组成的团队为创业种子提供阳光雨露，最终长成一片森林。清华大学经济管理学院创新创业与战略系教授高建在"课述"中介绍了四位清华科技园和两位清华经管学院构成的教师团队持续13年联合开设的"创办新企业"课程，是一门体现了追求梦想、知行合一、有始无终、团队学习和产教融合等特色的课程。从2011年课程设立到2023年，该课程已举办13期，参加课程的260个学生团队中，超过50个获得投资，累计融资金额超过20亿元，培养出了一批优秀创业者和多家行业翘楚、领军科创企业，促进了先进技术的创新和新产业发展。

图 4-4　2023 年"创业行峰会"现场

在"课导"中，研究生院、经管学院和校团委的主管负责人精彩发言，对课程的教学模式给予允分肯定与殷切指导。清华大学研究生院副院长肖曦教授表示，非常高兴能够受邀参加活动。肖曦老师指出，创新是社会发展的原动力之一，在学生成长与培养中也十分重要。清华学子有很强的知识理论方面的教育，但还需要进一步加强把知识理论转换成行业实用技术的能力培养，清华大学也应致力于培养更多的卓越创业者。"创办新企业"课程的教学团队正是基于这样的理念，用创新的教学模式，致力于培养更多的优秀创业人才。他向"创办新企业"课程团队，向清华科技园和清华经管学院表示充分的认可与支持，并感谢课程对清华研究生在创新创业方面的培养做出的努力。他希望课程教研团队进一步结合研究生培养的需求，帮助研究生们更好地将理论与实践进行结合，同时也鼓励已经成功创办企业的同学们，回馈学校、回馈课程，把创业中的经验和教训传递给师弟师妹们。最后，肖曦老师对"创办新企业"课程表达了祝福，希望课程能够在未来培养出更多的卓越企业家和世界一流创业企业。

清华大学经济管理学院副院长徐心教授也在致辞中肯定了"创办新企业"课程所取得的成绩。他说："三年前，国家举办了新中国成立以来首次研究生教育大会，大会特别强调了一个理念——产教融合。而'创办新企业'课程从举办的第一天就是真正在践行产教融合。"徐心老师援引清华经管学院首任院长朱镕基的著名文章《管理科学，兴国之道》，诠释这门课的意义。朱院长在文章中表示，"只有老老实实地研究改善经营管理，建立一套现代企业管理制度才行"[①]。徐心老师说："老院长是要求我们从实践中去学习、去总结、去研究。虽然今天我们面对的企业主体不同，但'创办新企业'这门课是遵循老院长的要求，从现实中挖掘真问题，并真的去研究问题的。"共青团清华大学委员会副书记王展硕首先对活动的举行表示祝贺。他说，以科技创新驱动的创业在实现高质量发展中扮演着越来越重要的角色。幸运的是，我们有"创办新企业"这样优秀的课程，用13年的探索为清华的同学们提供了从理论到实践的启发和引导。过去40年，清华大学团委在服务引领广大青年师生参与科技创新创业一线的工作中，也做了很多的实践探索。"挑战杯"从清华走向全国，清华学生创业协会里走出了多个创业"冠军"，清华大学团委创业指导中心也为同学们提供了从资金、场地到孵化服务的全方位支持，清华团委愿意和校友前辈一起，为青年创新创业提供宝贵舞台。

清华科技园管委会副主任、启迪控股执行总裁、启迪之星董事长张金生博士担任"课论"环节主持，中文在线创始人、课程嘉宾教师童之磊与艺妙神州创始人、课程校友（团队编号1501）何霆博士分享了各自的创业历程与成功经验。

中文在线作为中国"数字出版第一股"，从创立之初到目前，价值已增长了5万倍。童之磊董事长在《创造无止境》演讲中提出，创业成功的关键在于"走对路、找对人、做对事"。这意味着要有正确的策略，找到合适的市场和商业模式，选择自己喜欢、擅长且能够做的事情，要找志同道合、相互信任、优势互补的团队成员。在执行层面，他强调创业公司最重要的事情是"活下去"，要不断优化并经历挑战。在童之磊的"创业方法论"中，最重要的法门是"十年+"。只有坚定追逐梦想，十年如一日孜孜以求，才能穿越黑暗，收获成功。何霆则分享了他自主研发CAR-T创新药的心路历程。作为"创办新企业"2015年课友，他谈到，课程不仅手把手带大家写商业计划书，也帮助他掌握了创业过程中所需的各项技能。创业初期，何霆也遇到了经验不足、资金短缺、人才紧缺等难题，但"让癌症不再是绝症"的梦想让他一坚持就是8年，并成功融资10多亿元，成为国内基因细胞药物的领军企业。在何霆看来，坚持自主创新研发是最重要的，要让自己的技术在行业里始终拥有竞争力。在团队方面，他建议CEO去找最优秀的人，以应对更大的挑战。他寄语创业后辈们"做正确的事，什么时候做都不晚，不用着急创业，但也不要犹豫"。

---

① 朱镕基. 管理科学，兴国之道 [J]. 管理科学学报，1998（1）：3-4.

　　"课坛"由清华大学经管学院课程教授、清控银杏创投创始合伙人雷霖博士主持。雷霖表示，"创办新企业"课程培育了两百多个创业项目，其中有一百多个项目团队成立了创业企业，每家企业都有自己创新的商业模式和核心竞争力，每位创业企业家都很优秀且各有特点，很难有广泛的"代表性"，现场邀请的三位课友，是六位老师用最简单的"抽签"方式选中的，这虽说是个噱头，但也确是老师对从课程"走出去"的"学生企业家"的期望：勇于创新、追求卓越。红杉资本作为全球领先的创投机构，一直专注科技创新和创业投资，红杉中国合伙人张涵校友也作为课程嘉宾，参与了论坛。

　　海斯凯尔创始人邵金华博士（团队编号1203）在2010年博士毕业之后，跟另外两位清华同学一起选择了创业。他说，上了这个课程后对创业有了更完整的了解，课程结束后拿到了创业投资。目前，公司肝纤维化检测的技术已走向世界，受益人群超过5000万人。在这个过程中，也曾遇到过市场拓展、知识产权诉讼等诸多困难。非常幸运的是，10年来老师们一直在关注公司的发展，公司在发展的关键节点上总能得到老师们的帮助、支持和指导。这个课程也链接了很多的资源，希望同学们把这些资源用好。

　　蓝晶微生物联合创始人李腾博士（团队编号1515）谈道，读完本科后，他就开始寻找创业机会和方向。在这期间，他选修了"创办新企业"课程，并从中获得了一些创业思路和启发。博士毕业后，他成立了蓝晶微生物公司，专注于可降解材料的研发。"上课时候，我对老师讲的很多知识点并没有很深的体会，但在创业遇到问题后，我回顾课上学到的内容，才发现这真是无数血泪凝聚成的宝贵经验。在这门课上，我能感受到创业道路不再孤独（有像艺妙神州何霆一样敢于追梦的同班同学），真正体会到了科技创业的共鸣和力量。尽管课程的时间很短，它却一直陪伴和滋养着我。"

　　朗伯威科技创始人户孝围博士（团队编号1624）分享，他和几位清华同学一起创办了朗伯威科技，致力于高端智能视觉传感的研发及销售，以解决工业制造过程中国产替代的核心难题。在校期间，他原本无意识地选修了"创业机会识别和商业计划"课程，后又选修了"创办新企业"，并坚定了创业的想法，创业早期的他们在课堂上收获了很多帮助和支持。"在这里，我想说，无论你是懵懂的创业新人，还是初出茅庐的创业者，还是经验丰富的企业家，都可以从这门课程中获得启发和帮助，让自己更笃定地选择未来的道路。"

　　红杉中国合伙人张涵来自清华自动化系98级，主要参与极早期到风险期创业企业的投资，也是红杉中国种子基金的负责人之一。红杉中国种子基金单列5年来，已经投资了超过300家科技企业，资金管理规模超过100亿元人民币。他表示，"清华大学是我们科技投资项目的重要来源，我们希望未来能够为清华校友创业提供更多的服务"。

在"课约"环节，清石集团总裁田雨博士对课程基金的投资情况进行详细介绍，并主持了项目投资签约环节。活动现场，启迪之星创投总经理兼主管合伙人刘博代表课程基金与星测未来联合创始人曹德志（课程团队编号2014）、九方科技创始人周峥博士（课程团队编号2212）签署了投资协议。

此次峰会，课友们相谈甚欢，一起回首"同学少年"的创业激情，也在交流中碰撞出新的创业启发。就像梅萌教授所说的那样，"创业不能教，但创业课要开"。一门课，走出了一批优秀创业者和多家行业翘楚、领军科创企业；一门课，带来了无限的可能性。

第三节　课程配套的投资基金

2013年，"创办新企业"课程设立了首期金额为2000万元人民币的"创业很行"课程配套基金，基金由北京启迪孵化器和清华大学校友共同出资成立，用于投资遴选出的优秀创业团队及其商业计划，为参与本课程的在校研究生开发创业计划提供资金支持，引导社会的风险投资参与，并配以专业投资人提供后续辅导，帮助团队更好、更快地实现创业梦想（见图4-5）。

图 4-5　课程孵化基金成立签约仪式

基金虽然是按照商业过程成立的，但发起基金的初衷更像是开发一个教学工具，相当于清华的金工实习，不是只停留在理论上，而是真正去到车间里操作。从这个意义上来讲，课程基金就是一个教学工具，是重要的实践教学环节，必须真正投一些钱进去，学生对创业的过程理解才能深刻。

课程基金投资过程按照基金管理的流程进行，包括投资决策、尽职调查等，只是投资考量的因素不只是项目的商业价值，更多是帮助学生完成创业训练。

比如课程基金曾投资了一个舞蹈鞋项目，项目本身是小众的消费品，投资价值不一定很大，但是创业者按照自己的创业想法认真完成了所有的训练过程，并且创业者不仅想要解决自己的就业问题，还要给社会贡献一些基础的就业岗位。从这个意义上来讲，这个创业的立意初心是好的，而且创业实践走得很扎实，所以课程一直关注这个项目。在这个项目上，课程基金从一开始就没想过在资本上得到太多的回报，而是希望能够通过这个投资促进创业者把创业实践持续下去。

课程基金的另一个投资项目"轻客"，是一个做智慧电单车的团队。这个市场需求是创业者从自己的生活实践观察得来，他能够发现商业机会，从中提炼出自己的商业计划，并且能够实施。同时这也是一个交叉融合项目。创始人之一陈腾蛟本身是清华美院的学生，他是做设计的，但是缺技术，于是他找了汽车系、机械系的几个同学，通过交叉融合做出产品原型。从学生创业或创新驱动型创业角度来看，这是一个非常典型的案例。虽然后来在企业发展过程中他们并没有很好地解决遇到的挑战和问题，但是应当看到他们在创业机会识别和创业资源组织这两方面做得比较好。

整体来看，课程基金的投资有部分浮盈，但有收益的是一小部分，并且获得的回报资金用来持续运营这门课程，或捐赠给学校。课程基金要挣钱，但更重要的是为教学和人才培养作贡献。

截至2024年11月，课程基金累计投资18个项目，直接投资额1871.41万元，带动的社会资本累计超过2.5亿元，这些企业的估值规模超过62亿元，涌现出多个独角兽企业、行业领先企业，促进了先进技术的创新和新产业发展。

第四节 启迪之星孵化+投资服务体系

    "启迪之星"是启迪孵化器打造的全球知名孵化品牌。启迪孵化器源于1999年创立的清华创业园，是火炬中心认定的首批国家级孵化器，成功探索了"孵化+投资"的发展模式和专业孵化器的发展方向。启迪孵化器作为清华大学服务社会平台——清华科技园的重要构成，一直在科技成果转化、创业孵化、创业投资等领域支持清华校友、清华在校学生创业。

    "创办新企业"课程将启迪之星的创业生态资源内化为课程的创业资源，课程前12期培养的245个项目团队中有102个进入启迪进行孵化。企业从创办初期到发展壮大，启迪孵化生态始终提供全过程的支持和帮助，如企业注册、天使投资、资源对接、市场拓展等。

一、"四位一体"孵化体系助力创业企业发展

    通过"四位一体"（孵化服务+天使投资+创业培训+开放平台）的运营体系（见图4-6），启迪之星构建了以"启迪之星孵化器""启迪之星创投""启迪之星壹计划"为代表的孵化、投资、咨询三大业务线，成功搭建起一个充满活力的创新创业生态。

图 4-6 启迪之星"四位一体"孵化体系

    在孵化端，截至2024年，启迪之星在集群式创新理论的指导下已经构建了孵化基地200多个，覆盖90多个城市，其中海外15个城市，孵化载体面积近87万平方米的创新孵化网络；通过启迪之星众创空间及孵化器等平台，培育2万余家创业企业，其中超过260家企业获评"专精特新"企业。

启迪之星在空间和服务领域延长服务周期，打通孵化链（见图4-7）。在物理空间方面，布局创客空间、孵化器、加速器、产业园等不同形式的空间；在企业服务领域，通过梦想课堂、x-lab梦想实验室、产业加速营、钻石计划、上市以及全球化，实现全链条孵化，伴随企业成长的各个阶段。

图 4-7　启迪之星 7 步孵化链

在投资端，启迪之星构建多层次投资平台，完善投资服务体系，在早期硬科技领域实现多行业、多区域、多基金的业务态势，已投资近千家高科技初创企业，其中包括"创办新企业"课程创业企业24家（见表4-1）。如海斯凯尔的第一轮正式的股权融资就是通过"创办新企业"完成；拉酷科技在"创办新企业"参课期间，获得启迪天使轮投资500万元；材华科技在种子轮融资期间，启迪的种子基金跟投50万元。

表 4-1　启迪之星投资企业

序号	企业名称	投资时间
1	天津百世丹达科技有限公司	2014/3/28
2	北京图森科技有限公司	2014/6/1
3	北京紫晶立方科技有限公司	2014/6/9
4	北京易净星科技有限公司	2014/9/1
5	北京智联安科技有限公司	2014/9/15
6	平方创想教育科技（北京）有限公司	2014/10/21
7	北京轻客智能科技有限责任公司	2015/1/1
8	北京希澈科技有限公司	2015/1/1

续表

序号	企业名称	投资时间
9	行为科技（北京）有限公司	2015/6/1
10	北京小龙虾科技有限公司	2015/6/1
11	北京知呱呱科技服务有限公司	2016/7/1
12	一起创天下（北京）信息科技有限责任公司	2016/8/1
13	北京拉酷网络科技有限公司	2016/10/1
14	深圳赋乐科技有限公司	2016/9/13
15	无锡海斯凯尔医学技术有限公司	2016/12/1
16	天使智心（北京）科技有限公司	2017/5/27
17	北京腾客科技有限公司	2017/7/17
18	北京蓝晶微生物科技有限公司	2017/7
19	水木品格科技（北京）有限公司	2017/8
20	北京小司文化有限公司	2018/1/26
21	无锡九方科技有限公司	2020/12
22	星测未来科技（北京）有限责任公司	2021/1/26
23	北京沛元科技有限公司	2021/9/10
24	深圳市立林智感科技有限公司	2022/9/5

二、启迪之星梦想课堂将课程在全国推广

为了帮助更多学子实现创业梦想，同时也为了将课程的影响辐射到更为广大的范围，启迪之星孵化器将"创办新企业"的课程模式在全国各地进行推广，打造启迪之星梦想课堂，为有创业机会和能力的同学提供孵化机会，让学生们在创业导师指导下，创办和发展新企业，追逐创业梦想。截至目前启迪之星梦想课堂已经服务了160多所高校的8万余名学生。

启迪之星梦想课堂本身即是微型孵化器，成为启迪之星七步孵化模式的第一个环节。启迪之星梦想课堂将创新创业的阵线前移至校园，将启迪之星服务链条向校园延伸，让不同领域的社会导师走进高校，帮助高校学子提前了解到社会的创业逻辑，助力优质的学生项目能够成功落地。

启迪之星梦想课堂的推出实现对多区域高校学生创业的有效支持和引导，已在北京、天津、上海、江门、滁州、长沙、句容、菏泽、西宁、枣庄、抚顺、新泰、咸宁、汕头、阜新、保定、洛阳、徐州、乌鲁木齐、宁波等地与当地高校开展联动，成

功将课堂模式融入当地高校的创新创业教育中。例如，启迪之星（宁波）连续7年携手创业导师走入宁波大学、宁波工程学院、浙江大学宁波理工学院等10余所高校，累计开展了30余次梦想课堂和梦想实验室活动。在启迪之星梦想课堂，不少优质的学生团队积极学习了商业模式、商业计划书、项目路演等创业内容，其中，节能植物工厂、蝉翼之音、风华书屋、千村记忆以及翊珩科技等众多学生项目主动签约成为启迪之星（宁波）孵化项目。

　　除了与当地高校开展联动之外，启迪之星梦想课堂还探索创新组织形式，积极与当地政府机构和企业合作，以举办创业训练营系列课程等形式开展，不局限于某一所高校，而是将当地的多所高校纳入活动，让更广范围的高校学生加入课程中来。例如，启迪之星与徐州市人力资源和社会保障局、徐州市创业工作指导中心联合打造2023首届"青创未来"徐州市大学生"梦想+"创业训练营，13所驻徐院校的110名学生踊跃参加（见图4-8）。

图 4-8　各地启迪之星梦想课堂活动

　　依托启迪之星全球创新网络，启迪之星梦想课堂也开始走向世界，助力海外学子实现创业梦想。2023年，启迪"梦想课堂"成为马来西亚官方认定的企业培训课程，将启迪之星创业服务实践与当地大学创业理论教育结合起来，推进双创人才培养工作。2023年，清华大学与印度尼西亚合作开展创新创业训练营，将"创办新企业"的逻辑和精髓注入其中，打造印尼版的"创办新企业"，搭建创业生态系统，助力印尼本地创业者取得成功。

第五章　创一家有社会责任的企业

天下兴亡，匹夫有责。

每个机构都是社会的组成部分，没有一个机构可以独善其身。今天每个机构的存在，都是在为自身以外的人群提供服务。因此企业不是为它们自身而存在，而是为实现特定的社会目标而存在。所以，企业存在的合理性的评判标准不是企业的自身利益，而是社会利益[7]。

2022年我国平均每天新设企业2.38万户[8]，平均每4秒诞生一家公司。截至2022年底，我国登记在册的企业共有5600万户，其中中小微企业数量超过5200万户。企业已成为联系千家万户的重要纽带，是我国改善民生、推动国民经济高质量发展、促进可持续发展的重要力量。

正如第一章观点"创业就是为市场创造新价值"，企业的存在是为了创造价值，而不仅仅为了创造利润，利润只是考核企业是否创造价值的指标之一。企业社会责任（corporate social responsibility，CSR）就是企业在为股东创造利润之外的重要考量，是指企业在为股东创造最大利润的同时，主动承担对员工、消费者、供应商、社区、民间社团等企业利益相关者的责任。近年来，在政府、媒体、研究机构和企业的推动下，企业社会责任已经成为经济-社会日常话语体系的组成部分，成为促进企业与社会协调发展的重要纽带。"创办新企业"课程自2020年开始，在原有课程内容基础上新增"企业社会责任"相关教学内容。本章基于高建老师课程教学内容，从企业社会责任内涵的历史变化、国际国内制度要求及战略性企业社会责任内涵、课程校友企业对企业社会责任的认知和践行三个方面展开。

第一节　企业社会责任的提出及发展

企业社会责任，最早由英国学者欧利文·谢尔顿（Oliver Sheldon）于1924年在

《管理的哲学》一书中提出。谢尔顿认为，企业在满足自身利益的同时，还需要关注企业外部其他利益相关者的需要。企业生产要素取之于社会，因此企业有义务将社会责任融入公司治理与决策中，承担起对社会的责任。欧利文·谢尔顿认为企业对社会的"责任"不是法律明确规定的"法律责任"，也不是针对股东的"经济责任"，而是超越法律与经济意义的一种道德意义上的责任，是组织出于义务的自愿行为。

20世纪50年代，"企业社会责任之父"爱荷华大学教授霍华德·R. 鲍恩（Howard R. Bowen）在《商人的社会责任》（*Businessman*）一书中进一步指出，大公司集聚了对社会产生切实影响的巨大力量，商人的决定和行动不仅会影响到他们的股东、员工和客户，还会对整个社会的生活质量产生直接影响。由此，开启了对现代企业社会责任的广泛讨论[9]。

1979年，阿奇·B.卡罗尔（Archie B. Carroll）提出，企业社会责任是企业对各个利益相关者的经济责任、法律责任、伦理责任和慈善责任，并于1991年提出了著名的"企业社会责任金字塔"模型[10]，如图5-1所示。

图 5-1　企业社会责任金字塔

在卡罗尔模型中，经济责任是基础，反映了企业作为市场经济主体、营利性经济组织的本质属性。正常的商业企业应该是盈利的，如果不盈利，就是对股东、社会、员工不负责任。法律责任是指企业要在法律框架内实现经济目标。伦理责任是指期望企业遵循那些尚未成为法律但却是社会公认的伦理规范。慈善责任，是企业为建设美好社会而做出的自愿捐赠。经济责任与法律责任是社会对企业的"要求"，伦理责任是社会对企业的"期望"，慈善责任则是一种美好"愿景"。

1997年，英国学者约翰·埃尔金顿（John Elkington）提出了企业社会责任分为经济责任、法律责任和环境责任"三重底线"的概念。企业在进行企业社会责任实践时必须履行上述三个领域的责任，这就是企业社会责任相关的"三重底线理论"。

综合来看，责任意识和责任行为是企业伟大的行为标志之一，积极履行社会责任是企业实现可持续发展不可或缺的重要认知理念和管理实践[11]。高质量发展的企业一定是担负社会责任的企业，即企业通过社会责任行动创造与分享价值，在增强企业经营能力的同时造福社会，又在造福社会的同时增强社会对企业的认同，实现可持续发展。

第二节　从外在期望到内生力量

历史来看，企业社会责任自20世纪20年代在美国兴起以来，已从最初的以处理社会劳工冲突和环保问题为主要功能的问题导向，提升到以企业社会责任战略提升企业国际竞争力的目标导向[12]；对企业社会责任的关注，也由最初的学者个人关注，到国际契约组织的重视和政策引导。相应地，企业践行社会责任，已从一种外在的社会期望和制度要求，转变成为企业提升自身竞争力、实现可持续发展的内在驱动力量，成为促进企业发展与社会发展良性循环贡献积极力量。

在此背景下，企业如何通过积极践行企业社会责任，树立良好的企业社会形象，提升其在行业、国内国际的竞争能力，是企业发展过程中值得关注和研究的战略问题。

一、企业履行社会责任成为国际社会普遍共识

联合国全球契约组织（United Nations Global Compact，UNGC）、国际标准化组织（International Standard Organization，ISO）等国际组织和协会在促进企业社会责任制度化方面都作出了积极的贡献。

2002年，联合国正式推出《联合国全球协约》，涵盖人权、劳工标准、环境和反腐败领域的全球契约十项原则。

2004年联合国全球契约组织（UNGC）为解决社会、环境、经济共生问题，从企业可持续发展和社会责任视角，重点针对资本市场提出环境、社会和治理（environmental，social & governance，ESG）的新理念。ESG理念的核心是企业管理

和金融投资在考虑财务表现的同时，还需一并评估企业活动对环境、社会以及多方利益相关方带来的影响，从而促进人类社会的可持续发展。当前全球ESG主流评级机构有MSCI，主要有明晟（MSCI）、富时（FTSE）、彭博（Bloomberg）、汤森路透、意大利ECPI和标准普尔公司等编制的ESG评估指数[13]，表5-1为MSCI编制的ESG评价指标体系。

表 5-1　MSCI 编制的 ESG 评价指标体系

维度	主题	关键议题	
环境（E）	气候变化	碳排放 产品碳足迹	金融环境影响 气候变化脆弱性
	自然资源	水资源压力 生物多样性与土地利用	原材料采购
	污染、废料	有害排放与废弃物 包装材料与废弃物	电子废料
	环境机遇	清洁技术机遇 绿色建筑机遇	可再生能源机遇
社会（S）	人力资源	劳动力管理 员工健康与安全	人力资本发展 供应链劳工标准
	产品责任	产品安全与质量 化学安全 消费者金融保护	隐私与数据安全 责任投资 健康与人口风险
	股东意见	争议性采购	社区关系
	社会渠道	社交渠道 融资渠道	医疗渠道 营养健康渠道
公司治理（G）	公司治理	所有权与控制权 董事会	薪酬 会计
	企业行为	商业道德	税务透明

资料来源：浅析A股上市公司的MSCI ESG评级[14]。

国际标准化组织（ISO）从2001年开始着手社会责任国际标准的可行性研究和论证，2004年6月决定开发适用于包括政府在内的所有社会组织的"社会责任"国际标准指南，由54个国家和24个国际组织参与制定。2010年11月1日，国际标准化组织在瑞士日内瓦国际会议中心正式发布社会责任指南标准ISO 26000（见表5-2），是继ISO 9000和ISO 14000之后的最新标准体系。

ISO 26000具有以下鲜明的特点：一是用社会责任（SR）代替企业社会责任

（CSR），使得以往只针对企业的指南扩展到适用于所有类型组织，因为组织管理、人权、劳工实践、环境、公平运营、消费者权益、社区参与和发展七项主题同样也适用于公共部门；二是适用范围不包含履行国家职能、行使立法、执行和司法权力，为实现公共利益而制定公共政策或代表国家履行国际义务的政府组织；三是ISO 26000不是管理标准，不用于第三方认证；四是提供了社会责任融入组织的可操作性建议和工具；五是前所未有的利益相关方的广泛参与和独特的开发流程；六是发展中国家的广泛参与；七是和多个组织建立合作关系，推广了社会责任相关的实践；八是差异性原则，在和国际规范保持一致的前提下，考虑经济、社会、环境、法律、文化、政治及组织的多样性。

表 5-2　ISO 26000 社会责任核心议题

核心主题	议题	核心主题	议题
组织治理	• 组织治理	公平运营实践	• 反腐败 • 负责任的政治参与 • 公平竞争 • 在价值链中促进社会责任 • 尊重产权
人权	• 尽责审查 • 人权风险状况 • 避免同谋 • 歧视和弱势群体 • 处理申斥 • 公民权利和政治权利 • 经济、社会和文化权利 • 工作中的基本原则和权利	消费者问题	• 公平营销，真实公正的信息和公平的合同实践 • 保障消费者健康与安全 • 可持续消费 • 消费者服务、支持和投诉及争议处理 • 消费者信息保护与隐私 • 基本服务获取 • 教育和意识
劳工实践	• 就业和雇佣关系 • 工作条件和社会保护 • 社会对话 • 工作中的健康与安全 • 工作场所中人的发展与培训	社区参与及发现	• 社区参与 • 社会投资 • 就业创造和技能开发 • 技术开发与获取 • 财富与收入创造 • 教育和文化 • 健康
环境	• 防止污染 • 资源可持续利用 • 减缓并适应气候变化 • 环境保护、生物多样性和自然栖息地恢复		

尽管ISO 26000和ESG理念都不是强制性管理指标，但越来越成为国际公认的企业行动指南，无论是在企业产品国际竞争力、投融资获取还是企业品牌影响力等方面，

都是重要的关注内容。

2015年9月25日，联合国可持续发展峰会在纽约总部召开。联合国193个成员国在峰会上正式通过消除贫困、消除饥饿、清洁饮水、健康福祉、优质教育、性别平等、清洁能源、体面工作、工业创新、社会平等、永续社区、永续供求、气候行动、海洋环境、陆地生态、机构正义、全球伙伴17个可持续发展目标，旨在从2015年到2030年间推动以综合方式彻底解决社会、经济和环境三个维度的发展问题，通向可持续发展道路。

中国自20世纪90年代开始，随着"负责任大国"国际身份的确立，在企业社会责任方面也做出了中国特色探索与实践，如图5-2所示。中国于1994年发布国家可持续发展战略《中国21世纪议程》；2001年加入国际贸易组织（WTO）对中国企业的社会责任建设起到了重要的推动作用；2002年10月第十届全国人民代表大会常务委员会第十八次会议修订的《公司法》第一次明确规定公司要"承担社会责任"；2008年，国资委发布《关于中央企业履行社会责任的指导意见》；2017年党的十九大报告强调要强化社会责任意识、规则意识、奉献意识；2022年党的二十大报告提出"高质量发展是全面建设社会主义现代化国家的首要任务"，要坚定不移贯彻创新、协调、绿色、开放、共享的新发展理念，着力构建新发展格局，稳步实现"双碳"目标。新时期推动企业更好履行社会责任，进而实现企业价值与社会价值的有机统一，已成为现代企业的目标追求和战略行动。

图 5-2　国际及中国相关组织对企业社会责任的规定[18]

二、战略性企业社会责任（SCSR）成为企业发展内生力量

企业社会责任实践本质上是通过企业开展面向利益相关方的各类经济与社会环

境议题，承担对多元利益相关方的公共社会责任[16]。但对于大多数企业来说，资源和能力是有限的，没有企业能够解决所有的社会问题，也无法承担解决社会问题的所有成本。为了保证企业有动力、有能力持续的创造社会价值，企业将社会责任的践行与企业的发展经营联系在一起，即战略性企业社会责任（strategic corporate social respohsibility，SCSR）。Logsdon（1996）最早提出了SCSR的概念[17]。企业在履行社会责任时，可以选择一些与企业核心业务相关的社会议题重点关注。这些社会问题的解决，能够提供一个创造共享价值的机会，即在此过程中不仅是社会利益得到保护和增强，企业的经营能力也能得到提升。

战略性企业社会责任是不同于传统企业社会责任的新概念，是企业主动的战略行为，把与企业价值链相关、企业外部利益相关者高度相关的社会问题纳入企业的内在核心价值进行考虑和谋划。战略性企业社会责任践行路径的关键，在于如何将企业社会责任融入企业的战略管理，将企业长期愿景与短期目标相结合，满足多元利益相关者需求，履行高层次的企业社会责任，进而在此过程中积累企业竞争优势[18]。那企业应该将哪些社会责任议题作为战略性社会责任，有什么评判标准呢？

越来越多的公司开始将社会责任与其经营战略紧密联系在一起，在做公益的同时增强企业的核心能力，树立良好的形象。从战略的高度来审视企业社会责任行动，要重点关注企业责任行动的长期性、方向性、目标性，注重企业的核心竞争力。按照这一理论框架，企业在实际操作中需要按照自身业务领域的特点，对面临的社会责任议题进行分类，表5-3是一种社会责任议题的类型划分方法，同一问题在不同的企业可能会被划入不同的类别。

表 5-3　企业社会责任分类

社会责任议题分类	主要特点
一般性社会责任议题	不受企业经营的直接影响，也不对企业的长期竞争力具有实质性的影响。
价值链相关社会责任议题	企业在价值链各阶段——包括采购生产、分销和消费等——进行生产和经营活动中所引发或关联的社会影响及议题。包括但不限于劳动权益、环境保护、供应链伦理、消费者权益人权、企业治理等方面。
竞争环境相关社会责任议题	在企业外部环境中，那些能够显著影响企业在其所在地区经营竞争力的社会议题，包括但不限于环境保护、公共健康与安全、教育水平以及社区发展等方面，它们对企业保持竞争优势具有决定性作用。

一般性社会责任议题不受企业运营的直接影响，也不对企业的长期竞争力具有实

质性的影响。比如环境保护，减少排放，对于银行来说就是一般性的社会责任议题，但对于新材料或者新能源行业来说就是一个与价值链相关的社会责任议题。价值链相关社会责任议题，主要涉及企业在价值链上生产和经营活动造成的社会影响或者涉及的利益相关方。与竞争环境相关的社会责任议题，是指外部环境当中能够对企业在当地的竞争力形成重要影响的社会责任议题。战略性企业社会责任行为的主要目的，就是通过对价值链和竞争环境当中的关键社会责任议题施加影响，达到造福社会，提升企业竞争力的目的。

因此，企业在选择战略性企业社会责任议题的时候，可选择与企业价值链和竞争环境高度相关的议题。即优先选择与企业的使命、价值观、产品业务紧密结合的公益事业。按照社会责任议题与企业核心业务或企业价值链的相关性，以及与企业外部利益相关者的相关性，可以将社会责任划分为四个象限，如图5-3所示。第I象限社会责任议题，既与企业价值链高度相关，也与企业外部利益相关者高度相关，可优先考虑作为企业战略性社会责任议题。

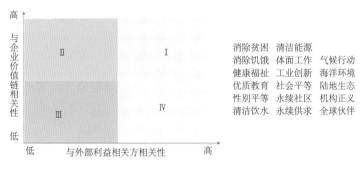

图 5-3　企业社会责任议题划分

资料来源：张闫龙. 疫情下的企业社会责任实践 [E/OL]. https://www.bilibili.com/video/BV1k741137Lv/.

企业管理者应从战略高度把握企业社会责任这一问题，将积极承担企业社会责任作为企业的主动选择，将企业对社会责任的承担转化为一种差异化的企业优势资源，从而推动企业的高质量发展。但这也并不意味着企业承担的社会责任越多越好。企业应量力而行，平衡好企业资源，合理地、适度地、力所能及地承担企业的社会责任。

第三节　课程校友企业对企业社会责任的践行

清华大学在一百多年的发展历程中，始终把服务国家作为最崇高的使命，重实干、不空谈，脚踏实地、俯身躬行，教育引导学生"从我做起，从现在做起""立大志、入主流、上大舞台、干大事业"，在"真刀真枪"的实干中奋勇拼搏、赤诚奉献。

面对世界百年未有之大变局的加速演进，面对新一轮科技革命和产业变革的突飞猛进，在阔步迈向高等教育强国的进程中，清华人发扬历史主动精神、准确把握世界高等教育发展趋势，坚持质量为先、实现高位突破，这是清华大学必须承担的历史使命[19]。努力把发展科技第一生产力、培养人才第一资源、增强创新第一动力更好结合起来，汇聚激扬起奋进新征程、建功新时代的必胜信心和强大力量。"科技创新就是我们最主要的爱国方式。"2020年度国家最高科学技术奖获得者、清华大学原校长王大中院士道出的，正是清华园里一代代"红色工程师"的矢志不渝、一生求索[20]。

教书育人是清华最重要的"初心"，培养祖国人民需要的各类人才是清华最重要的使命。清华创业者，应胸怀"国之大者"，将个人理想与国家战略相结合，与人民群众"急难愁盼"问题相结合，将个人事业与家国情怀、报效祖国相结合。在塑造正确、合理的价值观、人生观和事业观的基础上，学生科学地匹配专业知识，提升创业能力，稳健地做出创业选择，走向创业实践。

一、价值引领，将个人理想与国家需求和行业发展紧密结合

"要跟着国家走，我们清华学生自进入校门那一刻起，就始终接受这样的教育，受到潜移默化的熏陶和影响。很多同学毕业之后响应号召，去西部、去军工单位，到最艰苦的地方，为产业和国家贡献青春，这是清华的传统。"一位课程校友在访谈中说道。

在本次课程校友问卷调研中，对于"为什么选择创业"，前三项为"通过技术创新改变行业现状""兴趣使然、追求价值"和"学以致用"（如图5-4所示），反映了清华学生创业能将自己的专业特长、个人兴趣与行业发展、国家需要相结合，将个人兴趣提升为报国兴业志趣。

企业对企业社会责任的认知和实践两个方面，问卷由5个细分问题构成，如表5-4

所示。本次调研共收回问卷310份，其中有效问卷296份。

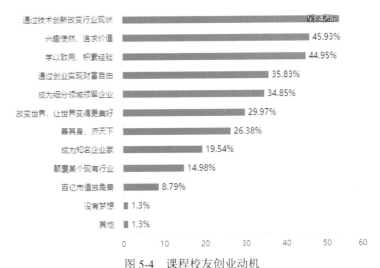

图 5-4　课程校友创业动机

资料来源：基于 310 份课程校友调查问卷。

表 5-4　课程学员企业社会责任量表

序号	问题	完全符合	比较符合	不能确定	比较不符合	完全不符合
1	明确将CSR作为公司经营方针	5分	4分	3分	2分	1分
2	制定了CSR相关的员工行为规范	5分	4分	3分	2分	1分
3	指派了CSR的负责部门或负责人	5分	4分	3分	2分	1分
4	对外公开了CSR的进展情况	5分	4分	3分	2分	1分
5	采取了创新的CSR实践形式	5分	4分	3分	2分	1分

从问卷调研和实际访谈情况来看，课程校友企业大多对社会责任有明确认知，但企业有意识地进行企业社会责任实践方面还有提升空间。

如图5-5所示，从企业对社会责任认知来看，在是否明确将CSR作为公司经营方针方面，完全符合和比较符合的超过50%，说明大多数企业有较为明确的社会责任意识。在企业社会责任治理方面，设置了是否制定了CSR相关的员工行为规范、是否指派了CSR的负责部门或负责人、是否对外公开了CSR的进展三个调研问题，完全符合和比较符合的分别近30%、近21%、近20%。

课程校友企业大多处于初创阶段，80%仍然属于10人以下的小微企业，仍然处于"死亡之谷"的艰难跋涉阶段，但仍有部分企业自觉践行与自身业务、企业价值紧密相关的社会责任，将企业经营与社会责任践行统一起来，将其作为创新的CSR实践形式，调研显示，完全符合和比较符合上述要求的课程校友企业超30%。

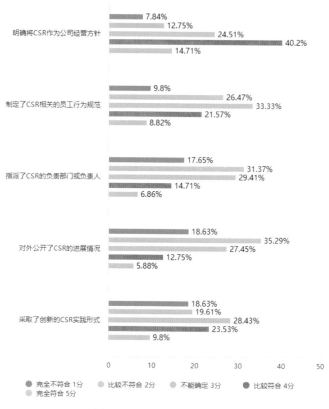

图 5-5   学员 CSR 相关情况

二、知行合一，为人类社会可持续发展贡献力量

课程校友企业结合自身核心优势和业务领域的特性，实施战略性企业社会责任，将社会责任的承担与企业的发展统一起来，用创新打造更可持续的未来，在造福人类社会的同时获得企业的发展，在企业发展的同时更好地服务社会。下面介绍几家典型课程校友企业在履行CSR方面的贡献。

艺妙神州——让癌症不再是绝症。北京艺妙神州医药科技有限公司成立于2015年，以"让癌症不再是绝症"为使命，致力于将创新的基因细胞药物技术应用于恶性肿瘤治疗（图5-6）。公司自主研发的新一代CAR-T技术，在业内率先实现全流程无血清、基因载体规模化制备、高生产成功率、CAR-T体内持久长效的特点，显著提高了产品的疗效性及安全性；此外，公司拥有一站式自主基因细胞药物研发和产业化平台，掌握规模化质粒制备、慢病毒载体制备、原代免疫细胞制备等核心技术。截至2024年11月，公司获得7项国家药监局颁发的新药临床试验批准通知书和1项新药申请（NDA）。艺妙神州始终坚持"让癌症不再是绝症"使命，不遗余力地进行基因细胞药物的研发创新工作，坚持开发安全性更高、疗效性更好的CAR-T产品来回报社会，努力成为"世界一流的基因细胞药物企业"，为更多的癌症患者带来新生希望[①]。

图 5-6 （编号 1501）课程校友企业——艺妙神州

蓝晶微生物——为人类创造一个可持续的、活力四射的美好未来。 在"碳中和"政策和可持续发展趋势下，"可降解材料"行业正在吸引更多人的目光。蓝晶™属于天然高分子材料PHA，由微生物利用淀粉或油脂合成。作为一种高分子材料，它不仅有类似石油基塑料的性能，而且具有优异的耐热性、热封性、阻隔性、水解稳定性，以及海洋可降解性。为实现全球碳中和并解决塑料垃圾污染，蓝晶™提供了自己独特的解决方案。

蓝晶微生物始终关注社会责任，注重创造社会价值。2021年起引入了涵盖环境、社会和公司治理的ESG（environment、social、governance）理念并展开系统化实践。2022年6月，蓝晶微生物成为中国首家加入全球范围的企业公民和可持续发展计划"联合国全球契约"（UNGC）的合成生物学公司，面向全球承诺负责任的商业实践（图5-7）。

图 5-7 （编号 1515）课程校友企业——蓝晶微生物

---

① 艺妙神州官网：http://www.immunochina.com/

2022 年，蓝晶微生物展开了一系列ESG专项行动，如建立绿色采购实践制度、建立碳排放管理云平台试点等，并联合普华永道发布《PHA生物可降解塑料产业白皮书》，以蓝晶在可降解材料领域的产业化实践结合普华永道对该领域的宏观发展势态的精准把控，在碳中和背景下为新一代生物材料的技术研发应用浪潮指引方向。

链宇科技——面向碳中和的交通能源互联变革者。链宇科技孵化于清华大学欧阳明高院士团队，致力于车网互动（V2G）、微网管理与能源物联网方案的研发、落地与推广，立志于在"双碳"使命下实现能源-交通的协同创新与变革引领。链宇科技立足10余年的研发基础，打造独家"电池+电力电子+云原生"的技术平台，面向电动汽车全气候快充、光储充放一体化、工商业户用微网、车网互动V2X等场景，打造零C云智慧能源平台、云控EMS控制器、智能充电控制器、V2G智能充电堆、移动充电机器人等产品，形成"云—边—端"全站式智慧能源解决方案，让安全、智慧、低碳的能源使能千行百业、惠及千家万户（图5-8）。

图 5-8　（编号 2106）课程校友企业——链宇科技

历经百年，"自强不息、厚德载物"清华校训在不同时代被赋予新的内涵，然其刚健自强、奋发有为、爱国奉献、心系天下的内核，却始终滋养着一代代清华人，成为镌刻在师生心中的印记。新时代的清华年轻创业者以求真务实、行胜于言的态度，求新求变求创造，将个人理想与行业发展、国家需要相结合，将企业发展与造福人类社会、促进可持续发展相统一。

第六章　做一个积极有趣的创业者

创业不是一件容易的事情，甚至可能是一项非常容易失败的挑战。创业失败可能有多种原因，比如市场的原因，创业者如果在激烈的竞争中没能找到自己的市场空间就会失败，再如技术的原因，创业者如果没有跟上技术进步的步伐，也很容易被竞争对手淘汰。而有一种原因易被忽略却至关重要，那就是心理的原因，如果一个创业者没有积极的心态，很容易走不下去。

有些创业者失败了，并非因为他的技术不够好、产品不够有价值，而是因为他总是沉浸在消极的状态里，没有足够的心理力量支撑他面对挫折和困难，在创业中也没有获得意义感和幸福感。而有的创业者，看似经历了非常多的挫折和困难，甚至屡遭危机，但仍然创业成功了，往往是因为他们有更乐观的态度、更积极的情绪、更坚强的意志，让他们能够始终满怀希望地前进和奋斗，甚至能够积极地拥抱风险和打击。

因此，我们希望，创业者能在积极的氛围中创新、创业，也希望积极的心理力量能成为创业者成功的助推剂。

或许有人会问，如何创造积极的创业氛围？有哪些积极的心理力量可以助力创业呢？这些问题的答案就不得不先提到一门研究幸福的学科——积极心理学。

积极心理学的缘起大约要追溯到20世纪90年代末，马丁·塞利格曼为代表的一批心理学家提出，只关注人类心理的负面因素是过分局限的，应该多去关注那些能够提高人类生活质量和幸福感的积极因素，例如快乐、乐观、满足感等。积极心理学强调积极的心理因素和健康功能的提升，为人类幸福的提升提供了系统和科学的方法，也促进了心理学家心理工作方向的转变，由原来只关注心理疾病的治疗转向了更多预防性的工作[21]。

心理学家公认的一个幸福公式：幸福指数=先天遗传因素+后天环境+你能主动控制的心理力量（$H=S+C+V$）。通过对双胞胎的一项研究发现，人的幸福水平部分会由遗传和基因决定[22]。成长环境也是影响因素之一，家庭的和睦程度、父母的养育方式、社会中的人际交往等环境因素都会对一个人的性格以及体验幸福感的能力产生影响，我们在生活中也不难发现，在幸福的家庭环境中长大的孩子常常更加阳光、积极，而在充满训斥、气氛压抑的家庭环境中长大的孩子会缺少安全感、更易产生悲观的想法。除了基因和成长环境，心理力量是更重要的影响因素，这代表着，我们每个人都可以通过自己的努力获得幸福，同样，创业者在创业的过程中也可以通过一些方法获得幸福感。

所以，本章我们以积极心理学为理论基础，谈谈什么是创业成功，怎样的创业者更容易成功，以及如何在积极的氛围下去创新、创业。

第一节　解码成功创业者的特质

请读到这里的创业者思考一个问题：你心中的创业成功是什么？我们希望，对于每个创业者来说，创业成功不仅仅意味着建立一个成功的企业，也并非以纯粹的经济指标和表面的成就为标准；更重要的还有，通过创业让内心变得更加富足，让创业成为一件能够助人并且创造意义和价值的事。

一、重视利他

创业并非单单是个人行为，而是一个社会行为。

创业需要经历三个关键阶段：想明白、做出来、卖出去。

在第一阶段，创业者需要深思熟虑地理解自己想做的事情，并将这个想法转化成切实可行的计划。

在第二阶段，创业者需要将计划形成实际的产品或项目。这是一个极其艰苦的过程，需要大量的时间、精力和经济投入。

经过这两个阶段，创业者能够看到自己的成果，会对自己的工作充满信心和自豪感。

而接下来，第三阶段才是创业的关键，商业意味着你得将产品或项目卖出去。在这个阶段，创业者不仅仅要让自己满意，而且还要获得社会的认可和支持。也就是说，产品或项目必须产生社会价值，并且能够让人们感到满意和快乐，才有可能被市场所接受。这是创业者最大的挑战之一，因为他们必须了解市场需求和消费者心理，获得投资人的认可，站在他人的角度考虑问题，并能够为其提供有吸引力的解决方案。为了实现这个目标，创业者需要始终保持着利他心。

美国心理学家和管理学教授亚当·格兰特在他的著作*Give and Take*中将世上的人分成三种：奉献者（giver），愿意无私向他人付出，眼中更多的是他人；索取者（taker），索取者眼中只有自己，交换者（matcher），介于前两者之间，有利可图时提供帮助，无利可图时冷眼旁观，也可称为精致的利己主义者[23]。

最先收获或成功的人往往是索取者，因为他们不择手段的索取特征让他们迅速获得最多的资源。但是，索取者的不择手段也会受到交换者的鄙夷和排挤，所以索取者很难有持续的收益。接着暂时获得胜利的就是交换者了。

奉献者的结局可能会令人感到惊讶，10分的奉献者往往只是一味地付出，却缺了原则、没有底线，因此难以保护自己，遍体鳞伤，这样的奉献者在创业初期可能就因过分利他而难以保全自身公司的利益便失败了。但是，8分的奉献者，他们善良、无私，但同时更有原则、有界限，能够对不择手段的人说"不"，这样的奉献者往往会获得最大的成功。

许多创业者往往都是以获取为主要目的，他们希望通过创业获得财富和成功。然而，成功的创业家实际上都是非常慷慨和富有同理心的人。他们理解自己的员工、客户和用户，知道他们的需求和痛点，并为此致力于创造更好的产品和服务。这意味着，成功的创业者更应倾向于成为奉献者，而不是索取者。创业者应该有一颗利他心，注重为他人创造价值和贡献，而不是仅仅关注个人利益。

作为一个创业者，成为一个有利他心的人可能有助于建立强大的社交网络，因为人们更愿意与那些给予他们价值和帮助的人建立关系。同时，成为一个有利他心的创业者也可以让他获得更多的信任、更高的声誉。

所以，如果你有创业的梦想，你不仅需要思考创业能给你自己带来什么，也一定要想一想，你能为这个社会、为他人带来什么。走在创业的路上，始终带着一颗利他的心，才能更接近成功。

二、创造价值感和意义感

如果用一句朴素的话来描述幸福，大概就是——愉快地做着自己喜欢的事。

你从事的领域是不是你喜欢的？你在工作的时候体验到更多的是积极情绪还是消

极情绪？我们希望，创业者能够愉快地做着自己喜欢的事（见图6-1），这样的创业才是最有意义和动力的！

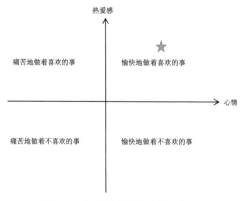

图 6-1　评估幸福创业的四象限

接下来，请各位创业者回答一个问题：你为什么创业？你创业的动机是什么？是为了实现财富自由，或为了获得社会地位，或为了实现理想？

从心理学的角度来讲，人为什么做事分为受控动机和自主动机[24]。受控动机主要指一个人的行为受外部奖励或惩罚的驱使，比如创业仅仅是出于金钱、名誉、地位等外部奖励。而自主动机指一个人自愿地、出于内在兴趣和价值观从事某项工作。自主动机可以进一步细分为认同动机和内在动机。在认同动机中，创业者认同并理解某个行为的价值观，但仍受到一定程度的外部影响，比如受到社会期望、家庭责任等因素的影响。相对于受控动机，认同动机能带来更多的积极效果，但仍然可能在长期压力下引发消极情绪。而内在动机指一个人完全出于兴趣和热情从事某项活动，内在动机被认为是最高水平的动机类型，能带来持久的积极影响，如心理健康、成长和满足感。

曾有一位硅谷的创业者非常聪明且有才华，创立了一家在业界很受欢迎的公司，公司起初非常顺利，他也实现了短暂的财富自由，很快就陷入了奢靡的生活，挥金如土。好景不长，在公司面临资金、公共关系等各种压力时，他无力解决，又背负了太多来自家人、朋友和社会的期望和压力，最终没能坚持下来，选择了自杀。这个悲剧告诉我们，创业仅仅靠受控动机是不行的，如果一个人做事纯粹是出于受控动机，那可能会导致他缺乏坚持下去的热情和动力，忽视了自己的个人价值，也没能做好面对创业中不可预测风险的充分的准备。

也许，刚开始，你创业就是为了财富等外在动机，但是我们希望，你能够试着去热爱自己正在做的事儿，享受创业的过程，提高创业的内在动机，所谓"知之者不如好之者，好之者不如乐之者"，只有真正热爱创业，才能激发出更多的投入、学习和进步。具备自主的内在动机意味着你能够在面临挑战和压力时，保持坚定的信念和积极的心态，从而提高创业成功的可能性。

什么是创业成功？

也许，大部分人认为，创业成功就是公司实现了盈利、市场份额扩大、利润提升、成功上市等经济目标。但其实，创业成功不是这样简单地来衡量的。

一个瑞典的游戏开发者马库斯创建了一家游戏公司，其游戏迅速获得了市场的推崇，并以25亿美元的价格被微软收购，在公司被微软收购之后，马库斯带着巨额现金离开了。乍一看，这似乎是一个典型的创业成功案例。他带着花不完的钱买豪宅、享受奢靡的生活。尽管他的创业生涯看似取得了显著的成功，但他是否真的快乐？实际上，他并不快乐。他在Twitter上公开分享了自己的感受："我感到前所未有的孤独。"他不快乐，也没有动力去做任何事，只是每天宣泄着郁闷。你认为，他成功了吗？

另有一位叫安特耶·丹尼尔森的德国创业者，她创办了共享汽车公司ZipCar，但在创办过程中，因为她与他人的想法不合被踢出了公司，股份也被稀释得所剩无几。看起来，这不是一段成功的创业经历。然而，丹尼尔森并不觉得自己失败了，虽然她与合伙人的创业经历并不顺利，但她并未记恨，在生活中仍然会去推崇使用ZipCar，而且她仍然为创办了ZipCar能真正服务于环保社会而自豪，并继续投身到与环保相关的其他工作中。你认为，她成功了吗[25]？

我们可以看到，马库斯并不快乐，因为他单纯地因受控动机创业。而丹尼尔森无论在经济层面上失败或成功，她都很快乐，她纯粹地享受着自己做的事儿，为她所最在意的环保理念而奋斗。她永远地收获了个人意义上的成功！

创业不仅是创造财富，更是创造意义感和价值感。有些创业者希望通过创业解决社会问题、推动环保事业、提高人们的生活质量等。这些目标为创业者提供了内在的动力，使他们更加投入于自己的事业。当创业者认为他们的工作具有更深远的意义时，他们会更有激情、更有毅力去克服创业过程中遇到的各种困难。

所以，创业成功并不是单一的经济上的胜利。

如果你能在产品上取得创新性的突破，为用户提供独特的技术或服务，那这是技术上的成功；如果你的企业实现了盈利和增长，建立了稳定的商业模式，能够在竞争激烈的市场中持续发展，那这是商业上的成功；如果你能在市场上获得良好的口碑，赢得合作伙伴和投资人的信任，那这是人际上的成功；如果你的员工都愿意留在你的团队，建立高效、积极的团队文化，那这是团队建设上的成功。

最重要的，如果你觉得你做的事实现了个人的价值、帮助了别人，收获了意义感和成就感，那就是人生最大的成功。

第二节　积极心理助力创业

在上一节中，我们讲到什么样的人创业更容易成功。在本节，我们来探讨如何通过积极心理助力快乐创业，进而实现创业成功。

一、快乐的人更有创造力

你有没有发现，当你心情愉悦的时候，脑海里总是能涌现出更多的点子和创意；而当你不快乐的时候，思维和想法都很局限，容易陷入内耗，做事也很没有动力？实际上，情绪和一个人的创造力、行动力有着密不可分的关系。

一位心理学家曾做过一个有意思的实验，参加实验的人需要在有限的时间内创作一篇诗歌，参与者被分为两个组别，一组的参与者被要求在完成任务前观看一段搞笑视频，另一个组别则直接进行任务。结果发现，观看了搞笑视频组的参与者们表现出了更强的创造性，他们的诗歌更新颖、更有创意，而且发挥了更多的想象[26]。

这说明，情绪会影响一个人的创造力和创新能力，快乐的人更有创造力。

当人们陷入焦虑、愤怒或担忧等负面情绪时，思维往往就会变得狭隘和局限[27]。这是因为负面情绪会导致人们将注意力集中在眼前的问题和潜在威胁上，从而忽略了其他可能的选择和机会。一个常常处在不快乐状态下的创业者，认知资源和行动能力会被局限，身体健康可能也会受到影响，从而无法应对市场变化和竞争压力。

相反，当人处于愉悦、放松的情绪状态时，思维方式会变得更加开放和广泛，从而激发出更多的创造力，能进一步促进思考、推动行动。在快乐的氛围当中，人更容易产生新颖的想法，更愿意尝试不同的解决方案，更有动力投入各种活动中。拥有积极情绪的创业者会有更整体和宽阔的思维视野，在积极情绪的驱动下，创业者就更容易产生新颖和实用的想法，从而在市场上占得先机。同时，积极情绪有助于创业者在面对困难和挑战时保持冷静，在面临重要决策时更加理性和客观，面对困难时的适应性更强，从而更快地找到解决问题的方法。

快乐不仅是一种心理状态，也是一种生理状态。当我们经历愉悦、兴奋或满足这类积极的情绪时，大脑会释放一系列的"幸福激素"，比如可以帮助人们缓解焦虑和压力的内啡肽，让创业者保持激情和动力的多巴胺，助人提升自我调节能力的血清素，能够增强我们"爱"和归属等一系列温暖情感连接感的催产素，等等。"幸福激素"是积极情绪的信使，通过积极情绪的刺激，大脑会产生更多快乐的神经递质，就会产生更多的积极情绪，而这些积极情绪又可以进一步促进"幸福激素"的产生，形成一种正向的循环反馈。

在"幸福激素"的助力下，创业者们的工作效率会更高，能够有更积极的人际关系，还能有更强的动力、信心、勇气，更有创造力。如果创业者可以常常处在积极情绪中，那他能够创造出有价值、有意义的项目或技术的可能性就更大。

所以，快乐的人更创新，快乐的人创业也更容易成功！

二、韧性驱动成长

清华大学心理与认知科学系教授、原社会科学学院院长彭凯平教授曾经调研了中国改革开放40年中伟大的企业家，发现他们都有一个共同的特征，在苦难、打击、挫折面前永远保持积极向上的精神，即有很强的心理韧性[28]。创业是一场马拉松，在竞争的过程中，前期靠脑力和体力，而谁能赢到最后，靠的则是韧性。

什么是心理韧性？心理韧性就是从逆境、矛盾、失败甚至是积极事件中恢复常态的能力。

虽然我们通常认为韧性主要体现在应对困难和挑战时，但实际上，从积极事件中恢复平常心也非常重要。比如，一个创业者成功研发出了过硬的产品，这无疑是一个积极的事件。然而，随之而来的可能是更高的期望、更大的责任以及更为复杂的人际关系。在这种情况下，一个人需要具备心理韧性，以适应新环境，建立稳定的心理状态，面对更大的挑战。

心理韧性会赋予人三种能力。第一种能力叫复原力，即人从逆境、冲突、痛楚、失败、压力中迅速恢复的心理能力，也被叫作反弹力。它可以帮助创业者在遭受挫折和失败时，重建信心，恢复动力。第二种能力是抗逆力，指的是面对长远目标时的努力和耐力，它让创业者哪怕面对接连不断的打击，都能坚韧前行。第三种是心理韧性中境界最高的一种能力，叫作创伤后成长，即由于逆境和其他挑战而经历的积极心理变化和心理功能的提升。这不仅指的是人在经历逆境后能够恢复到常态，更是说能够将逆境作为通向成长和获益的途径或者机遇。正如尼采说的那句话："任何不能杀死我的，都会使我更强大。"创业路漫漫，没有人能够一帆风顺，如果创业者能够拥有强大的心理韧性，那你不仅可以面对困难、克服困难，还可以通过困难磨炼自己，获得成长。

高心理韧性的人有哪些特质？

一般高心理韧性的人都有对长期目标持久的热情与坚持。根据研究，坚毅是决定一个人的成功的最关键因素，比 IQ、考试成绩、家庭收入或者社交能力等其他因素的影响都更大[29]。有些人可能认为，坚毅就是对某件事死磕、坚持到底，但这只说对了一半，实际上，坚毅=热情+坚持。如果你要坚持做一件你不喜欢的事，那一定会更加痛苦，而如果坚持做一件喜欢的事，那便是自然而然的。只有带着热情的，自我驱动的坚持，才是真正的坚毅，才能真的走向卓越和幸福。

同时，高心理韧性的人通常都有乐观的情绪调节能力。乐观是一种人格特点，乐观的人对未来常常抱有更积极的期望。同时，乐观也是一种思维方式，我们常常发现两个不同性格的人在面对同样的事情时会有不同的态度，如果用悲观的思维方式去看待事物，我们更容易对现状感到无力，如果用乐观的思维，更容易保持良好的心态，积极的采取行动。当然，乐观并不是指一种盲目的自信。在创业的过程中，你必须认真思考和计划，考虑各种可能出现的问题，并提前采取措施加以预防和解决，以确保能够尽可能地掌控事情的发展。然而，很多事情是无法完全掌控的，可能会有意外。此时，应该保持乐观的态度，采取积极的心态和行动，尽可能地应对和克服问题，并相信事情最终会向好的方向发展。所以，在可控的事情上保持谨慎，在不可控的事情上保持乐观。

三、心流引领创业路

曾有一个关于成功人士的观察，发现他们有一个共同的体验：在从事他们喜欢的工作时，全神贯注，时常遗忘时间的运转轨迹以及周遭环境。这些人参与这些活动完全出自内在的乐趣，这些乐趣来自于活动的过程，而不是外在的报酬。这种经由全神贯注所产生的心理体验就是心流。

心流指的是一种人在专注于某项活动时的快乐体验。在这种状态下，人们会完全沉浸在自己的工作中，感到时间似乎变得非常快，自己仿佛处于一种"高峰体验"之中。心流的经验是高度积极和愉悦的，可以帮助人们获得成就感和满足感[30]。

创业是一项高度需要创造力和灵活性的任务。如果创业者可以进入心流状态，就会感到非常专注和投入，忘记自己的周围环境，忽略了外在所有的影响，享受沉浸的感觉，心流的感觉会促进你的创造力和创新能力，帮助你找到新的解决方案和机会。同时，你会感到自己的技能和挑战之间达到了一种平衡，达到"知行合一"的境界，有一种行云流水般的流畅感。最重要的是，你会感到对自己的行动有一种完美的掌控感，不担心失败，不在意结果，只是充分体验行动的过程，并最终处于一种自我满足和成就感的状态之中。

那我们如何才能进入心流状态呢？

首先，目标明确是进入心流状态的重要条件之一。在创业的过程中，要有目标，要努力追求，要拼搏奋斗。心流不是唾手可得的，而是一种奋斗的结果。如果创业没有目标，就会陷入忧虑、恐惧和无聊。而如果创业者设定明确的目标和任务，就能够集中注意力，有努力的方向。在设定目标时，创业者需要尽可能地确保目标是具体的、可衡量的，这样会更容易进入心流状态。

其次，及时反馈是进入心流状态的另一个重要条件。及时反馈不仅能有肯定和勉励作用，还有利于形成积极的动力。在向目标前进的过程中，创业者需要了解自己的工作进展情况，定期回顾，并进行适当的反思和总结，以便及时进行调整和改进。

最后，能力和挑战需要匹配。如果任务太简单，创业者可能会感到无聊和乏味；如果任务过于困难，可能会感到无力。因此，技能和挑战之间需要达到一种平衡，才能更容易进入心流状态。创业者需要将自己的技能和挑战之间达到一种平衡，当难度略高于技能的5%～10%时，最能够让难度和能力达到一个平衡，也最容易出现心流。

创业，是一条充满坎坷和挑战的路，需要全身心地投入。只有真正地热爱和投入自己的事业，才能够迎接各种挑战和困难，创造出令人瞩目的成果。创业者应该专注于自己所热爱的事情，沉浸其中，享受创造和创新的过程，而不是仅仅追求外在的回报。这种心无旁骛的投入，本身就是一种成功。

四、幸福科技助力幸福创业

如何帮助创业者获得积极的心理品质，是否有一些科技手段能够助力创业者幸福创业？梅萌教授和彭凯平教授共同建立了创业者幸福创业的摇篮——清华幸福科技实验室。

追溯实验室的成立，起源于2016年，梅萌教授和彭凯平教授在一次会面中的聊天。起初，梅萌教授只是闲谈着在清华科技园见证到许多创业者们的拼搏经历，而彭凯平教授提到了一个至关重要的话题——"在创业中，有很重要的心理因素"。之后，梅萌教授和彭凯平教授在不断的交流和碰撞中达成合作，决定共建清华幸福科技实验室。

塞利格曼教授到清华大学访问时，形象地用"H"这个字母来描述清华幸福科技实验室的现实价值。增进民生福祉，提高人民生活品质是当前的重要任务之一。必须坚持在发展中保障和改善民生，鼓励共同奋斗创造美好生活，不断实现人民对美好生活的向往。美好生活如果没能同步跟上社会物质经济的发展，就会呈现一种不平衡的矛盾状态（如图6-2左边所示"h"），人们不愁吃穿了，但是却不快乐了。清华幸福科技实验室就是要让幸福插上科技的翅膀，让社会物质经济的发展和人类对美好生活的向往达到平衡的状态（如图6-2右边所示"H"），物质生活在发展的同时，幸福感也得跟上。因此，清华幸福科技实验室将积极心理学研究成果与前沿科技成果结合，打造出集研究、学习、体验、展示、孵化于一体的复合型科技创新平台，汇聚并推广最前沿的幸福科技项目，并以快乐（happiness）、健康（health）、和谐（harmony）为理念，致力于提升创业者乃至全人类的幸福感。

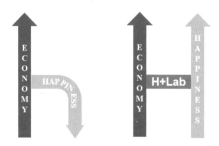

图 6-2　H+Lab 助力幸福感与经济发展同步平衡

"创办新企业"课题组在对往期学生的调研中发现，有68%的学生在创业过程中经历过抑郁情绪，21%的学生在创业过程中经历过焦虑情绪，有20%的学生在创业过程中遭遇过失眠或作息失调。一些课程校友创业者在访谈时表露自己曾遇到的各种心理困扰，有人说"我是一个焦虑体质，最焦虑的时候每天凌晨3点就再也睡不着了"，有人说"那会儿（指公司运营遇到危机时）就感觉没有希望了，整个人都觉得很抑郁"，类似的表述还有很多。而其实，当我们遇到负面情绪的时候都不必恐慌，每一个人都必然经历过焦虑、抑郁、压力、紧张等，这是很正常的，而更重要的是，当消极来临，我们如何去处理与应对，如何尽快转消极为积极，化压力为力量。反之，若一个人长期处在消极情绪中而不得缓解，就可能发展为心理疾病了。

清华幸福科技实验室通过"测量—提升"的闭环路径助人，并分别打造了"检心房"和"健心房"作为幸福科技产业的体验馆。幸福科技主要依靠采集人的生物信息，通过研究、分析、对照等科学的方法给出评估结果，进而实施干预，形成测量心理健康水平—提升幸福水平的闭环。

"检心房"通过科学、客观、标准的测量手段对人的心理特征进行测量、分析、评价。通过对人大脑脑电响应活动的收集与分析，可以实现对"大五人格"、积极情绪的客观测量（如图6-3所示）；通过声纹测量分析语音信号中的多种声学参数，可以有效评估个体的心理状态，如抑郁、焦虑、压力、情感状态、幸福感等（如图6-4所示）；通过便携的穿戴设备测量心理状况，如腕表测量、心电贴测量等，也可以更加广泛、快捷地进行心理健康测量。相较于传统的量表测量，幸福科技主要依靠采集人的生物信息进行测量，科技测量的方式可以规避人的主观掩饰，呈现出更多客观、准确、严谨的测量结果。

图 6-3　通过脑电进行心理测量

图 6-4　声纹心理检测

"健心房"以积极心理学为理论基础，以缓解压力、提升心理健康水平为目的，引导人们进行一系列幸福感提升训练。"健心房"内呈现的是以智能减压为主题的沉浸式的视听体验空间。在沉浸式视觉体验屋内（如图6-5所示），便携脑电设备会实时监测、反馈体验者的心理和生理状态，并在正念冥想、专注力训练等方法的促进下使人达到专注、平静的状态，从而达到有效减压的目的。沉浸式听觉体验屋（如图6-6所示）采用7.1.2声道、杜比全景声的3D环绕声技术，营造出更真实的动态声音效果，帮助改善情绪，以达到身心健康的目的。

图 6-5　沉浸式视觉体验减压房

图 6-6　沉浸式听觉体验减压房

清华幸福科技实验室的成立，标志着我国率先建成世界第一个将积极心理学融合认知科学、脑科学、人工智能等研究成果进行产学研转化的幸福科技创新孵化平台，并旨在通过幸福科技的手段为创业者的幸福创业注入更多动力与能量。

第三节　有趣的人创业更容易成功

关于怎样的人创业更容易成功，有许多说法。梅萌教授总结，有趣的人创业更容易成功！

冰心老人曾说过一段类似的话："一个人应当像一朵花，花有色、香、味，人有才、情、趣，三者缺一不可。"如何理解这里的才、情、趣呢？

才就是智商。人做事的起点往往由智商决定。如果一个人智商实在太低了，那可能起点就比较低，如果一个人足够聪明，可能相对起点就比较高。

情是情商。此处的情商并非指处事圆滑、城府深厚，情商高的人有更好的情绪管理能力，更会处理人际关系，有较强的共情能力，站在他人的角度思考问题，做到"other people matter"。如果说智商决定了做事的起点，那情商就决定了做事的上限。

而在此，要着重讲的不是智商，也不是情商，而是"趣"——乐商。

乐商高（有趣）的人有什么特点呢？第一，乐商高的人有理想，有情怀，有追求，更积极，更进取。第二，乐商高的人有爱心，温暖，热情，乐于助人，助人为乐。从这个特征上来讲，乐商包括了刚刚所说的情商。第三，乐商高的人热爱生活，充满激情，兴趣广泛，好奇心强，极富想象力。第四，乐商高的人阳光，乐观，开朗，幽默风趣，爱开玩笑，善于解嘲。不管是在学习、家庭、工作，人都难免会碰到尴尬的事。你是火冒三丈，准备拔刀决斗，还是通过智慧、幽默来化解？前者往往无法冷静，而后者更能妥善地处理好自己的情绪，从而化解了矛盾或者尴尬。第五，乐商高的人更有胸怀，大度，宽容，包容。同时，乐商高的人往往也更善于倾听，不仅是善于倾听愉快的事儿，也善于倾听别人不快乐的事儿。

成为一个有趣的创业人，你会变得更有魅力，更有亲和力，更能抗压，更美丽，更创新！

在创业中，压力不可避免，我们应该正视压力，并且学会压力调节的方法，以降低"体感压力"。什么是体感压力？在面对同样强度的困难时，有的人会觉得这是个挑战，也是个机会，应该直面困难、逆流而上，而有的人会垂头丧气、怨声载道，从此一蹶不振。前者的体感压力明显很低，而后者的体感压力则很高。压感低的人，往往展现出更强的力量和能力，而压感高的人，应对挑战的能力会显著减弱。而乐商高的人抗压能力则更强，体感压力会更弱，他相信，压力只能压倒那些相信压力能压倒自己的人。

曾有一位清华自动化系的校友在硅谷做风险投资，他听了梅萌老师演讲中谈到的"有趣的人更容易成功"这个观点后非常认同，并表示将来他也应该更多地去投资那些有趣的创业者。有趣的人作为创业者，也是创始团队的核心人物，若他能够做到事事替团队着想、为合作伙伴着想、为客户着想、为供应链着想，又能够乐于助人，就更容易成功。相反，如果这个人是个无趣的人，更容易怨天尤人，整天抱怨着团队不好、投资人不好、供应商不好、合作伙伴不好、消费者不好，那其实最核心的是他自己出现了问题。上文说，智商决定了做事的起点，情商决定了做事的上限，那么，乐商就决定了做事的直径，乐商高的人，往往有更广阔的发展空间、更大的格局和更强的影响力。因此，有趣的人更创新，创业更容易成功！

有趣是一种能力，也是一种能量。有趣的人，不仅能增加生活的色彩，还能带来更创新的思维方式，看待事物不同的视角，比有才的人和有情的人更有价值！

愿每位创业者，都能成为一个有趣的人！

第七章　从学生到创业者的跃迁

"创办新企业"课程促使很多选课学生实现了从学生到创业者的跃迁。本章主要从选课学生画像、课程项目团队特点、课程创业项目的发展以及"学中干"与"干中学"四大维度解析"创办新企业"课程学生实现跃迁的特征以及路径。

第一节　选课学生画像

自2011年课程设立到2022年，清华大学"创办新企业"课程已举办12期，共计710名学生，245个项目团队。选修这门课程的学生群体有何特点呢？虽然参与该调查的选课学生并不能代表全部选课学生，但是我们也能从中窥见这个群体的基本画像。

从性别结构来看，有效问卷统计显示，选课学生中男性在该调查中的参与度较高，男性占比为72.64%，女性占比为27.36%。选课男女生比例略高于清华大学整体男女生比例[①]，见图7-1。

男生　72.64%

女生　27.36%

图 7-1　清华大学"创办新企业"课程参与调查的选课学生性别结构情况

从求学阶段来看，参与该调查的受访者在选课时大部分处于本科、硕士、博士以

---

① 据清华大学官方网站发布的相关消息，2017 年至 2021 年，清华大学每年招收的本科新生中，男生与女生的比例约为 2 : 1。

及博士后等求学阶段。其中，硕士生占据了调查对象的绝大多数，占比为67.75%；其次是博士生，占比为28.66%；本科生占比为2.61%；其他占0.98%。由此可见，参与调查的选课学生以硕士学生与博士学生为主，见图7-2。

本科生 2.61%

硕士生 67.75%

博士生 28.66%

其他 0.98%

图 7-2 清华大学"创办新企业"课程参与调查的选课学生选课时所处求学阶段情况

从学生生源来看，近半数（47.88%）的受访者成年前主要生活在中国内地大城市，约1/3（27.37%）的受访者成长在中国内地中小城市，8.79%的受访者成长在中国农村，13.36%的受访者成长在中国内地其他城镇，1.95%的受访者成长在中国港澳台地区，只有极少数（0.65%）的受访者成长在中国以外的地区。可以看出，大多数受访者的成长环境主要集中在中国内地，见图7-3。

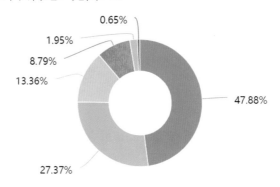

图 7-3 清华大学"创办新企业"课程参与调查的选课学生生源情况

从院系分布来看，参与该调查的受访者主要来自33个院系。其中，排在前五位的院系分别是经管学院（占比30.94%）、机械工程学院（占比9.45%）、信息科学技术学院（占比9.45%）、美术学院（占比7.82%）、生命科学学院（占比3.58%），见图7-4。

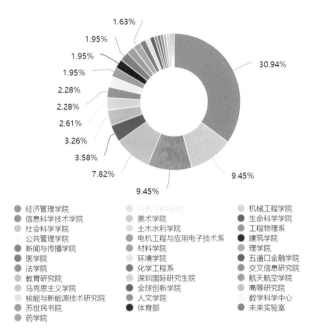

图 7-4 清华大学"创办新企业"课程学生选课时所属院系分布情况

综上,清华大学"创办新企业"课程学生画像呈现出如下特点:一是从性别结构看,以男生为主;二是从求学阶段看,以硕士生与博士生为主;三是从学生生源看,近半数成年前的主要生活环境是在中国内地大城市;四是从院系分布看,来自经管学院、美术学院、建筑学院、信息科学技术学院、软件学院等院系学生较多。

第二节 课程项目团队特点

清华大学"创办新企业"课程以项目团队的形式进行严格筛选,每个入选的项目团队都有自己的学号编号。截至2022年,该课程共计245个项目团队。这些项目团队有什么特点呢?

从创业基础来看,创业并不是一件简单的事情,而是需要具备一些基础才能够成功创业。创业基础主要包括创业所需要的知识、技能、经验、资源等。此次调查问卷中选项出现频率最多的是"人才资源",占比72.64%;其次是"市场资源",占比59.28%;最后是"专业技能",占比52.77%,见图7-5。创业需要具备的基础与条件中,人才资源、市场资源和专业技能这三个方面对于创业来说都是至关重要的,而理论知识、财务资源、实践经验等也是很重要的创业基础，创业者需要在这些方面进行充分准备和积累。

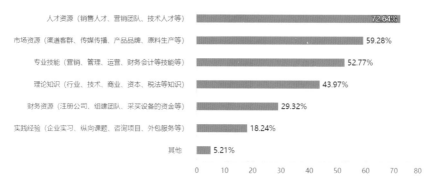

图 7-5 清华大学"创办新企业"课程学生创业团队创业基础情况

从创业优势来看，创业优势主要指在创业过程中比其他创业者更具竞争力。针对创业优势的调查问卷显示：在所有的选项中，大多数受访者的评分集中在"比较符合"和"完全符合"这两个选项，显示出受访者在创业方面的各项优势上普遍持有积极的态度。其中，得分最高的三项是"拥有敢试的拼搏精神"（占比53.09%）、"拥有良好的心理素质"（占比49.19%）和"善抓创业的重要信息"（选项人数占比48.53%）。这表明受访者在这些方面认为自己的优势较强。相比之下，得分较低的选项是"拥有足够的经费支撑"（占比15.64%），显示受访者在这方面普遍认为自己的优势较弱，见图7-6。可以发现，受访者在创业方面的优势主要体现在拼搏精神、心理素质和获取信息等方面，而在经费支撑方面相对较弱。此外，外部环境的支持和家人朋友的支持也是受访者认为的重要优势之一。

图 7-6 清华大学"创办新企业"课程学生创业团队创业优势情况

从团队目标来看，团队目标是团队发展的方向，是将创业成员凝聚起来的重要因素。团队成员若不认可团队目标，就不可能全心全意为此目标的实现而与其他团队成员相互合作、共同奋斗。这个目标必须切实可行，既不能太高，也不能太低，而且能够随着环境和组织的变化及时更新和调整。针对清华大学"创办新企业"课程学生群体"团队目标的难度"调查显示，在创业初期目标难度整体上呈现出相对较高的趋势。其中，50.44%的受访者认为"创业初期的目标非常高"比较符合他们的情况，20.35%的受访者认为"创业初期的目标非常高"完全符合他们的情况。在面对创业初期的目标时，相当一部分受访者表示觉得很难实现，有23%的受访者表示"一想到我们的目标就觉得很难"比较符合或完全符合他们创业初期的情况。另外，也有一部分受访者在一开始就觉得不可能完全实现创业初期的目标，有18.58%的受访者表示"一开始就觉得不可能完全实现目标"比较符合或完全符合他们的情况，见图7-7。

可以发现，创业初期的目标难度设定对于大部分创业团队来说是一个具有一定挑战性的问题。一方面，有相当一部分受访者认为目标比较符合他们的情况，另一方面，也有一部分受访者觉得创业初期的目标很难实现甚至不可能完全实现。这说明在创业初期，团队需要面对并克服目标难度带来的挑战，同时也需要合理设定目标，使之既能激励团队又能保持一定的可行性。原清华大学校长、国家最高科技获得主王大中院士曾对科研目标设定有自己的心得：要"跳起来摘果子"，"跳起来够得着"最合适。我们可以将其引申到创业目标的设定。如果目标设得太低，很容易发现大量竞争者，也不能充分发挥创业者的潜能；如果目标太高，则可能导致"欲速则不达"，使团队信心受挫。

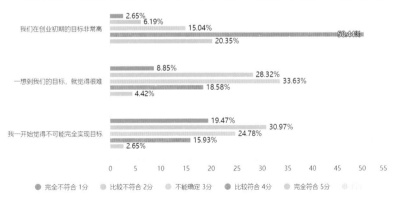

图 7-7 清华大学"创办新企业"课程学生群体创业团队创业目标情况

综上，清华大学"创办新企业"课程项目团队主要呈现出如下特点：一是他们最看重的创业基础依次是人才资源、市场资源和专业技能；二是他们的创业优势主要体现在"拥有敢试的拼搏精神""处在创业的最佳时期""善抓创业的重要信息"等方面；三是他们在创业初期的目标难度普遍较高。

第三节 课程创业项目的发展

在选课的学生中，有少数在学习本课程之前已经创办企业，有的是在课程学习过程中开始创办企业，更多的是在课程结束或研究生毕业后开始创业的。通过调查，我们发现这些课程校友创办的企业有如下特点。

从创业项目启动资金规模来看，超过半数创业项目的启动资金规模在100万元以上，占比为52.21%。启动资金在50万元至100万元的项目占比为15.05%。启动资金在10万元至50万元的项目占比为14.16%。启动资金在5万元至10万元的项目占比为10.62%。启动资金在5万元以下的项目占比为5.31%。有3人未填写此问题，占比为2.65%。可以发现，大多数创业项目有一定的启动资金规模，超过100万元，而启动资金规模较小的创业项目占比较低，见图7-8。

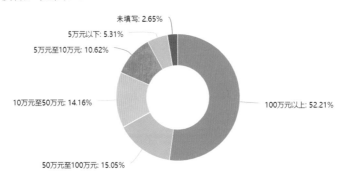

图 7-8 清华大学"创办新企业"课程创业项目启动资金规模情况

从创业项目启动资金来源来看，个人筹集或合伙投资是创业项目启动资金的主要来源，占比为60.18%。天使投资是第二大的资金来源，占比为42.48%。家庭资助占比为13.27%，居于第三位。风险投资占比为10.62%，位于第四位。其他来源（政府人才项目资助、创始人等）的资金占比为3.54%。有3人未填写此问题，占比为2.65%。银行等金融机构贷款和"创业银行"课程基金的占比相对较低，分别为1.77%，见图7-9。根据以上分析，个人筹集或合伙投资是创业项目启动资金的主要来源，天使投资是一个重要的资金来源。家庭资助和风险投资也在创业项目的启动资金中起到了一定的作用。银行贷款的使用较少，其他来源的资金也占比较小。

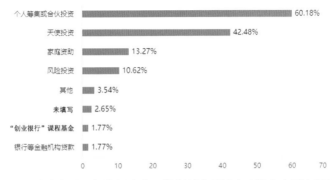

图 7-9 清华大学"创办新企业"课程创业项目启动资金主要来源情况

从创业要解决的关键问题来看，关键人才招聘是创业者面临的最大难题，占比为51.33%。这表明创业者在创业过程中往往面临人才招聘的困难，这与企业早期的特点有关，也可能是由于市场竞争激烈、人才供给不足等原因导致。核心团队组建、产品市场拓展和资本市场融资这三个选项的占比都超过了40%，分别为42.48%、42.48%和40.71%。这说明创业者在核心团队组建、产品市场拓展和资本市场融资方面都面临较大的困难和挑战。客户关系拓展和维系的占比为32.74%，在创业过程中也是一个重要的难题。这可能是由于创业者需要花费大量的时间和精力来建立和维护客户关系。其他（科技创新的不确定性、同行竞争、认知提升等）和法律风险的占比相对较低，分别为3.54%和14.16%，见图7-10。这可能意味着在创业过程中，创业者对于其他问题的描述较少，法律风险相对其他问题来说相对较为重要。可见，创业者在创业过程中面临的最大难题主要集中在关键人才招聘、核心团队组建、产品市场拓展和资本市场融资等方面。在解决这些问题的同时，也需要关注客户关系拓展和维系以及法律风险等其他问题。

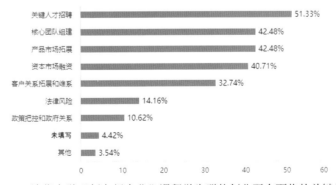

图 7-10 清华大学"创办新企业"课程学生群体创业至今面临的关键问题

从创业企业行业分布来看，对于所在企业行业领域的选择，最多的选项是新一代信息技术，占33.63%。其次是医药健康，占20.35%；智能制造与装备，14.16%；体育科技与文化创意，10.62%；其他选项（合成生物学、咨询、素质教育、软件、游戏、设计自媒体、电子商务设计、教育培训等）占23.89%，见图7-11。可见，新一代信息技术是创业团队最多的行业领域，其次是医药健康、智能制造与装备以及体育科技与文化创意。这些行业领域可能是当前企业发展的热点方向。

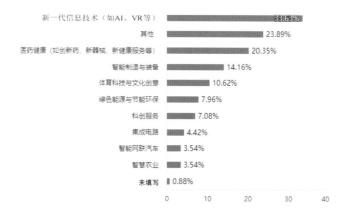

图 7-11　清华大学"创办新企业"课程学生创业企业所属行业领域

从创办企业人员规模来看，34.51%的人创办了1～10人的企业，27.44%的人创办了11～30人的企业，16.81%的人创办了101～500人的企业，11.5%的人创办了31～50人的企业，6.19%的人创办了51～100人的企业，见图7-12。从数据中可以看出，大部分创业者创办的企业规模较小，超过50人的企业比例较低，这与课程校友企业创建时间较短有关；同时也说明，创业者更倾向于小规模创业，随着企业的发展，规模逐渐扩大。

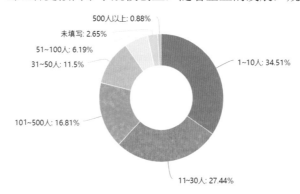

图 7-12　清华大学"创办新企业"课程创办企业人员规模情况

综上，课程创业项目呈现出如下特点：一是大多数创业项目的启动资金规模超过100万元；二是个人筹集或合伙投资是创业项目启动资金的主要来源；三是在创业过程中面临的最大难题主要集中在关键人才招聘、核心团队组建、产品市场拓展和资本市场融资等方面；四是新一代信息技术、医药健康、智能制造与装备以及体育科技与文化创意是创业团队创办企业发展的主要行业领域；五是创业团队在创业初期更倾向于小规模创业，随着企业的发展，规模逐渐扩大。

表7-1列示了"创办新企业"课程项目团队参加重要创业大赛的部分获奖情况。

表 7-1　"创办新企业"课程项目团队参加重要创业大赛获奖情况（部分）

年份	大赛名称	获奖情况
2014	首届"创青春"全国大学生创业大赛决赛	方舟万宝团队、紫晶立方3D打印机团队获得创业计划竞赛金奖，孕橙项目团队获得银奖
2017	第三届中国"互联网+"大学生创新创业大赛决赛	拉酷团队获得金奖
2018	2018年"创青春"全国大学生创业大赛创业实践挑战赛	艺妙神州团队获得金奖
2020	第六届中国国际"互联网+"大学生创新创业大赛北京赛区	5G 通信氮化镓功放芯片（优镓科技）、降维：AI驱动的动漫创作引擎、新型石墨烯界面热净水解决方案，这3个项目获得一等奖
2020	第六届中国"互联网+"大学生创新创业大赛决赛	优镓科技获得金奖
2021	第二届HICOOL 全球创业大赛	蓝晶微生物获得一等奖
2022	第八届中国国际"互联网+"大学生创新创业大赛全国总决赛	弘润清源团队获得金奖
2023	2022年科技部全国颠覆性技术创新大赛总决赛	艺妙神州团队获得优胜奖（最高奖）
2024	第八届中国创新挑战赛	星测未来团队获得总决赛第一名

第四节　"学中干"与"干中学"

从学生向创业者的跃迁过程，离不开创业者知行合一的"学中干"和"干中学"。关于课程学习与创业实践之间的关系，在参与了我们问卷调查的305名课程校友中，有70.82%的人认为课程学习和创业实践相互促进，15.74%的人认为课程学习指导了创业实践，7.21%的人认为创业实践为课程学习的作业报告提供了素材，只有6.23%的人认为关系不大，没有结合。因此，大多数人认为课程学习和创业实践之间是相互促进的关系，一方面课程学习有助于指导创业实践，而另一方面创业实践也有助于加深对理论概念的理解。本节将介绍"创办新企业"学生在其课程学习以及创业企业成长过程中如何展开"学中干"和"干中学"。

一、课程期间的"学中干"

从2016年开始，每一期"创办新企业"课程开课后，张帏老师会在创业战略板块的开头给同学们播放三段冲浪的视频并组织讨论。其中，第一段和第二段分别是在海南（强度较小的风浪）与夏威夷（滔天巨浪、风高浪急）冲浪的视频，而第三段则是冲浪爱好者在岸边进行训练的视频。第三段视频展现了一个7岁的小姑娘学习冲浪的过程，从2岁开始，她爸爸开始教她练习冲浪，然后她自己勇敢地去冲浪。海上的浪花是不断变化、无法预测的，正如创业者所处的外界环境。小的浪花像是小的创业机会，而大的浪花则像是大的创业风口。创业者要不要冲浪？冲什么浪？是一来就冲大浪，或者一来先冲小浪，还是先像小姑娘一样由爸爸扶着在岸上练习？正如冲浪者在跳进大海之前可以在岸上进行训练，创业者也可以通过"创办新企业"课程促进创业实践过程中的干中学。

课程中老师们传授的知识，能够提供认知框架，帮助学员以学习内容指导创业实践。玮航科技的联合创始人张磊（团队编号1902）提到，选课时高建老师讲创业趋势，要关注什么时候切入、什么时候占据合适的生态位。受此影响，玮航科技也正在考虑针对未来的技术应用趋势进行提前布局。当时雷霖老师讲产品战略，指出技术工程化、工程产品化、产品市场化等各个阶段都有不同的问题，这也帮助张磊结合自身团队实践进行了更具框架性、体系性的思考，形成自己的商业逻辑。张磊还提到，课程带给玮航科技团队最大的改变，是让他们深入理解整体的创业历程，以及基于技术的创业逻辑。真机智能的创始人刘智勇（团队编号1704）提到，通过课程的学习，最大的收获是获得认知的提升。课上不仅有资深的行业营销、财务、融资、会计、法务、组织等老师，还有清控银杏的投资人老师。在课程中，刘智勇学习了创业的规律、创办好企业的规律，认知到了更高水平；随着认知和技能的提升，他逐渐具备获取资源的能力，而获得更多资源又能进一步促进认知和技能的提升，形成一个良性循环。

除了创业知识框架，老师们的辅导和反馈也帮助着学生们不断迭代和完善创业项目。除了在课程选拔和录取项目团队的环节要求学生们路演报告项目，老师在课程中期汇报和结课汇报的环节也都会邀请投资人参与，汇报过程也可以帮助创业团队检查自己的创业进展，并对创业计划做出必要的调整。有一次活动中，高建老师对玮航科技（团队编号1902）提出了负面评价，给团队带来很大打击；与此同时，团队也感到醍醐灌顶。他们很认真地分析场景和产品，推出了有可能规模化的一些应用，于是带来了后面巨大的改变。链宇科技的联合创始人卢宇芳（团队编号2106）提到，团队参加课程的过程恰好和公司开始筹备的阶段非常吻合，课程几乎陪伴了他们从想法到组建团队再到正式注册公司。课程期间，链宇科技创始团队在每次课后都会一起讨论怎么设计商业模式、怎么跟投资人讲故事、怎么做商业计划书等，每次课都会有新的启发或新的思路。同时，课程的业界导师中有投资人，或者有的老师会推荐投资人，团队成员们一有时间就会去跟这些投资人聊。随着课程的进行，链宇科技的创业思路不断完善，后来获得了真格基金的天使投资。

　　近几年开始，课程要求创业团队开展定期调研，这也是"学中干"的一种重要形式。每个创业团队每月需要完成对 10 个以上的潜在客户的调研，从中获取真实的市场状况，了解客户的价值主张和需求情况，懂得客户的成本结构和收益等。课程还要求同学们调研供应链和竞争者的情况，最后汇报公司创业战略、商业模式创新、团队建设与股权激励、产品开发与产品上市、融资策略等相关方面的实质进展。课程月志不仅可以帮助学生反思创业过程、总结创业收获、记录创业进展，还可以作为学生与指导教师之间的沟通工具。

二、课程后持续"干中学"

　　一些学生在"创办新企业"课程结束后，继续着创业历程，持续地开展"干中学"。例如，极睿科技的创始人武彬（团队编号1709）在课程结束后，不断从实践中学习，根据外界实际情况，对最初的商业计划做了重大战略调整。虽然极睿科技面向企业客户的方向没有变化，但具体的商业模式做了转向，从一开始与数据分析相关的创业方向，到后来更多地做营销售卖的内容生成服务。这一战略调整主要经过了四个方面的考虑。第一，底层技术的成熟度。经过一段时间的验证，团队认识到自然语言处理（NLP）技术的成熟度还不够，准确率不够高时，效果就不够好。第二，技术的价值。随着对客户的了解，极睿团队逐渐认识到，数据分析不能为企业产生直接的效益，是重要但不必要的事，为此，他们进行了业务完善。而极睿现在做的内容和营销，既能帮助客户省钱又能帮助其挣钱。比如，安踏公司是极睿科技的客户，之前需要十多人负责内容创作，采用极睿的技术服务后只要几个人，能直接节约人力成本。

此外内容的优化还能够提升销量。第三，交付产品的标准化程度。如果提供数据分析服务，那么每家公司想要分析的点不一样，很难标准化，而营销售卖的内容生成服务则可以产出相对标准化的产品。第四，市场接受的速度。是否能标准化直接影响市场推广的快慢。现在，极睿科技的战略转向已经得到了市场的检验。

深鉴科技的联合创始人姚颂（团队编号1626）在产品战略方面也经历了"干中学"的过程。在创业之初，深鉴科技得到了一位无人机领域的校友的帮助，这位校友给了深鉴科技5万架无人机的订单，提供了试错的场景，愿意去尝试其新的硬件的产品。但是产品做出来之后，深鉴科技直接砍掉了无人机这个产品方向。原因是他们发现，一方面，无人机的市场天花板太低了，另一方面，大疆占据了全球70%的无人机市场，而大疆是初创企业非常难进入的客户，即便进入了也有可能被其内部产品替代。后来，深鉴科技又花了4个月做市场调研，切换到安防和自动驾驶领域，才有了后面阶段性的商业成功。

蓝晶微生物的联合创始人李腾（团队编号1515）在创业过程中实现了个人的成长与改变。他提到，创业之初是希望改变生物专业不好找工作的现状，而现在更多的是去想如何带领公司创造更多价值，实现更高远的目标；创业之初比较内向，不太喜欢表达，现在"脸皮特厚"，善于表达；之前很难信任别人，曾有一段时间失眠、焦虑，经历了一些事后，他逐步将公司的一些事情交给靠谱的人去做。不难看出，李腾博士经过了创业的历练之后，实现了个人能力的提升。

"干中学"并不是突出实践而轻视理论，许多课程学生在实践中坚持着创业战略，做到知行合一。氢舶新材料的创始人黄翟（团队编号1805）观察了其他创业者的经历，更加认识到了明确创业战略的重要性。他发现，一些人没有明确自己想要做什么，不断地应对一个又一个新客户的需求，花费了好几年时间但公司一直没有发展起来。就此，优镓科技的联合创始人黄飞（团队编号2010）对于企业聚焦领域就有非常坚定的认识。尽管看到了快速充电功率电子等相关领域的小风口，他和团队仍然认为，"不擅长的，不做；没想清楚的，不做；只做氮化镓射频器件。"此外，优镓科技成立以来每半年都会召开一次战略会议，会议针对每个阶段暴露出的新问题讨论对策，不论是务实还是务虚的，都是对于战略方向和实践结果的反思。类似地，极睿科技的创始人武彬（团队编号1709）提到，虽然具体的战略方向发生了变化，但他们一直坚持基于底层的算法能力的产品，经营理念稳健，没有跟风地去踩热点，一步一个脚印去做。因为他们更多是技术背景出身，更加踏实，更加落地。

第三篇　创业行！

第八章　创业逐梦，无问西东

"创办新企业"开课14载，走出了一批又一批的优秀创业青年，他们敢创新，能创新，活跃在生命科技、新材料、智能装备、人工智能等科技前沿领域，或为航空航天提供关键芯片，或在生物医药领域攻坚克难，或正在能源风电中不断闯关……因此，也成就了一批科创企业，它们成为专精特新、专精特新"小巨人"、独角兽企业等；很多课程校友荣登各种精英榜、先锋榜等（见图8-1）。但创新之路并不是一片坦途，有成功，也有挫败，创业者走过弯路，掉过深坑，蹚过长河，他们仍在探索。

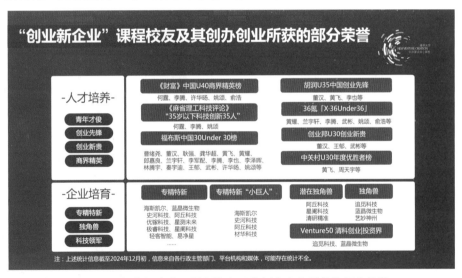

图 8-1 "创办新企业"课程校友及其创办企业所获的部分荣誉

我们在撰写本书的过程中，对一批源于课程的企业创始人暨课程校友进行了深入访谈，选取了其中18个有代表性的案例，向大家展示他们充满激情、富有创新和艰辛探索的创业过程，以及他们反思本课程给其带来的帮助和影响。值得注意的是，这些创业者所创项目、个人经历、创业面临的外部环境等不同，他们对创业的认知也有一些不同的观点。大家在阅读这些案例时，要以辩证的思维方式进行吸收。

1203 海斯凯尔邵金华、孙锦、段后利：从课程中来，到课程中去[①]

题记——

创始团队成员

邵金华（图8-2中），浙江衢州人，海斯凯尔创始人。2000年本科入学清华大学自动化系，2004年进入清华大学医学院生物医学工程专业读直博，读博期间，以公派访问学者身份前往德国慕尼黑工业大学留学访问。2011年在清华大学医学院从事博士后研究工作。

孙锦（图8-2左），山西临汾人，海斯凯尔联合创始人。2000年本科入学清华大学自动化系，2004年博士入学清华大学自动化系，读博期间跟随导师赴美学习。

段后利（图8-2右），安徽蚌埠人，海斯凯尔联合创始人。2000年本科入学清华大学自动化系，2004年博士入学清华大学自动化系。

"三人同心，其利断金"也许可以很好地诠释海斯凯尔这个创始团队。攻读博士期间，邵金华博士意识到生物医学工程前沿技术"瞬时弹性成像"在肝病纤维化检测领域的巨大价值，于是在临近博士毕业时，找到本科同寝室的好友孙锦和段后利，讨论实现中国肝脏纤维化无创检测技术产品从0到1的突破，三人一拍即合，于2010年创办"海斯凯尔"（全称：无锡海斯凯尔医学技术有限公司），专注于肝脏、消化、乳腺等疾病领域提供无创诊断和管理。公司始终秉承"普及高端科技，守护大众健康"的企业理念。目前，海斯凯尔在中国市场的占有率遥遥领先，在北京、江苏、山东等地建有科研中心、营销中心和技术转化生产中心。海斯凯尔以科研为驱动，持

图 8-2 海斯凯尔创始人团队

续投入组织弹性成像领域的试验与开发，不断创新。与此同时，海斯凯尔作为自主知

---

① 本案例撰写执笔人：曹洪美。

识产权企业,旗下拥有的国内外专利成果300+项,相关文献200+篇,相关产品更是获得中国NMPA、美国FDA和欧盟CE的权威认证。

2012年,三人组团参加了"创办新企业"课程,团队编号1203,当时三人也被《中国青年报》记者称为"清华博士创业三剑客"(以下简称"三剑客")。

带着迫切需求走进课堂

时间回到2012年,"创办新企业"课程开办第二期。"当时这门课很抢手,非常担心我们会落选,毕竟这门课不仅仅选课条件苛刻,而且选课之后还要经过严格的面试筛选。"邵金华博士回忆道:"历经几位课程老师的'聊天'和'提问',很幸运,海斯凯尔创始团队最终拿到了'创办新企业'课程的门票。"其实,海斯凯尔创始团队跟这门课早就注定了缘分,因为团队成员段后利博士于2007年就选修过这门课程的前缘课程——"创业机会识别和商业计划"课程,2012年再以团队方式继续选修"创办新企业"课程,这也是海斯凯尔创始团队入选课程的重要影响因素,因为"创办新企业"课程的选课条件中明确规定选修过"创业机会识别和商业计划"课程的同学优先。

2012年是海斯凯尔比较关键的发展阶段,这个刚刚创立两年,只有几个人的公司面临着两大关口:一是迫切需要正规的企业化运营管理。2012年3月,海斯凯尔的核心技术和产品研制已经日臻完善,医疗器械注册申请已经通过了最关键的技术评审,这意味着产品将很快走向市场,公司也将从写代码调设备几个人的研发小团队阶段跨越到研发生产销售需要兼顾的产业化发展阶段,创始团队面临着如何组建团队、管理团队、如何做融资、如何做市场、如何做销售等一系列问题,而此时的"三剑客"还缺乏这方面的知识储备,他们凭着清华学生超强的自学能力开始尝试东拼西凑去恶补这些知识,然而发现这些临时学的知识不成系统,无法解决海斯凯尔的实际企业化运作中碰到的问题。于是,"三剑客"从清华课堂中找寻相关课程,准备系统地学习如何创办运作新企业。这时,"三剑客"发现了"创办新企业"这门课程,于是就有了前述组团报名的一幕。关口二是海斯凯尔急需要融资满足规模化产业化发展的资金需求。2010年三位创始人从学校毕业后,海斯凯尔办公地点从清华大学学生宿舍搬到了清华科技园学研大厦地下室,在这里"三剑客"过着极其简约的工作生活,全身心投入研发之中。到了2012年,一方面前期团队的自筹资金已经基本用完,"三剑客"大半年没有工资收入,另一方面公司的医疗器械注册证即将获批,规模化产业化生产销售阶段急需大量的资金投入,尽快完成融资迫在眉睫，也是海斯凯尔能否坚持下去的关键。然而，如何做融资、去哪里找融资、融资后如何设计股权等一系列现实问题直击"三剑客"，这些问题对于才刚刚走出校门的"三剑客"来说完全没有接触过，更没有操作实战过，根本不知如何入手。如此，"三剑客"带着迫切的需求到了"创办新企业"课程之中，想尝试在这个课程中寻求破。

汲取"阳光雨露"迎来新的发展

这门课不仅仅是一门课程，更是一个持续整合创新创业资源充满活力的生态系统，为有创业想法和创业实践的同学提供知识和能量。海斯凯尔"三剑客"从课堂中汲取创办企业所需要的阳光雨露：一方面，通过这门课对创业有了系统的认知，这种认知不是止步于书面理论，而是历经市场拷打的前辈带来的真实经历的分享，这对"三剑客"来说是一个大的突破，因为在这之前他们对于创业的各个环节还停留在懵懂和想象的状态，这个课程陆续邀请了有实战经验的多位学长来分享，包括成功经验，也包括踩过的许多"坑"，让"三剑客"对创业与对新企业的认知更加贴近市场贴近现实；另一方面，投资人作为评委直面课程团队的"路演"，这里充满机遇与挑战。在这个环节中"三剑客"第一次直面投资人做出了海斯凯尔第一次融资路演。幸运的是海斯凯尔团队在课程结束后成功拿到了创业以来第一轮股权融资，来自课程对接的投资机构——启迪创投和中卫基金，海斯凯尔迎来了新的发展阶段。

"那个时候（2011—2012年）很多高校可能还不知道创业怎么回事，更谈不上有意识地去引导学生怎么思考去创业，所以这门课我觉得它的历史地位和贡献是很高的，绝对是中国创业教育的一个先驱，在中国教育史上第一次系统性地去讲创业是怎么一回事儿。"孙锦博士在访谈中总结道。"这个课程对于海斯凯尔来说是非常重要的，不仅在那个时候起了关键助推，而且对海斯凯尔后续的影响也是潜移默化的。"邵金华博士讲道。段后利博士认为，"这个课程给予我们很多帮助，当然并不能说一步到位，帮我们从实验室的学生转化成企业家，而是解决了一个新企业发展的核心问题，主要包括融资、运营和管理以及销售问题，这对于新企业来说无疑是通往发展强大的'敲门砖'"。

坚守初心带领企业不断突破

从"创办新企业"课程走出来的海斯凯尔很快入驻启迪之星孵化器，2014年获评"启迪之星企业"称号，2015年获评清华科技园"钻石计划"企业，先后获得创新中国总冠军、"创青春"全国大学生创业大赛创业实践挑战赛冠军等诸多荣誉，海斯凯尔在"夺冠"中不断磨炼与成长，当然海斯凯尔绝不止步于此。

"海斯凯尔的名称由healthcare衍生而来，希望通过研发和推广高端技术，为守护人类生命健康作贡献。所以即便创业初期及后来经历重重困难，但这份初心就是我们最厚实的'家底'。"邵金华博士总结道。

时间回到2000年，这一年三个懵懂的少年邵金华、孙锦、段后利分别从浙江、山西、安徽来到清华大学自动化系，从不计较个人得失，很想创造更多社会价值……他们成为了志同道合的伙伴。2003年，学校给予自由组团搬进新建紫荆学生公寓的机会，三人组团搬进了同一寝室。2004年，本科毕业后邵金华选择医学院生物医学工程系继续深造，孙锦和段后利则继续在自动化系攻读博士学位。这三个年轻人选择了不同的研究方向：孙锦主攻算法，段后利研究硬件，邵金华主攻生物医学技术。2008年，孙锦跟随导师赴美学习，邵金华赴德公派交流，段后利留在清华，三地时间正好各自相差6小时，在约定好的同一刻，无论他们各自所在地是正午、深夜还是清晨，3台电脑的会话窗口会同时亮起。他们很默契地认为，清华的学生作为全国最高学府的大学生，享有了全国最好的教育资源，就应敢拼敢试勇挑重担，创造更多社会价值。海斯凯尔的初心在这时就已经悄悄生根发芽。

"三剑客"历经十多年的磨炼更像是"铁三角"，带着海斯凯尔一路披荆斩棘，战胜一次又一次困难。"不论面对什么样的风雨，遭遇怎样的挑战，我们都会时刻坚守着创立海斯凯尔的'初心'，不计个人得失，风雨越大，力量越强，我们越挫越勇。"段后利博士很自豪地讲述道。特别是遭遇一场场关乎国内外产业科技较量与民族品牌突起的"知识产权纠纷和维权的战争"，让海斯凯尔感受到了"商场如战场"。在这个过程中，清华老师、校友、启迪以及支持民族品牌的同仁给予了海斯凯尔信心与力量，一次次"赋能"，海斯凯尔赢得一次又一次胜利，并在加强知识产权意识与技能的路上不断成长。据悉，目前海斯凯尔的技术和产品代表着我们国家在弹性成像医疗装备领域达到了一个领跑者的高度，站在了全球领先的位置，是国内医疗装备行业的一个亮点，非常值得骄傲。

如今，海斯凯尔把研发中心留在了清华科技园，在这里继续汲取清华生态里的阳光雨露。2018年，启迪团队赴美开展行业交流合作，临行前专程带上了海斯凯尔的资料，将海斯凯尔又一次带去了国外市场……在这个大生态中，海斯凯尔茁壮成长起来，逐步发展成为集研发、生产和销售于一体的科技驱动型医疗产业集团，在北京、江苏、山东等地建有科研中心、营销中心和技术转化生产中心，并成为中国肝纤维化无创检测领域的行业冠军，产品走向了全球五十多个国家。

带着海斯凯尔的经验和资源回到课堂

在创业的路上，没有永远的学生，也没有永远的老师，好像每个创业者时常扮演着学生与老师的双重身份。正如邵金华博士带着海斯凯尔的经验和资源又走进"创办新企业"课程，向学弟学妹们传授新企业创办与发展的经验体会。"看到学弟学妹们在课堂上认真和期待的样子，我仿佛看到了十几年前的自己。"邵金华博士说道，"之前作为学生，这个课程邀请已经成功的学长给我们分享，对我们来说有很大的启发；如今，作为从'创办新企业'课堂走出来，并在实践中学以致用的创业者，我希望我的分享也能给准备创业或正在创业的学弟学妹们带去收获。"

创业一直在路上，演绎着不同的故事，课程亦是如此。这个课程的老师们根据创业动态不断刷新打磨着课程，让这门课升腾着创新热度、焕发着创业活力。未来，海斯凯尔愿与"创办新企业"课程共成长，期待可以将更多实战经验分享给学弟学妹，带去创新创业资源，带去新企业创办与发展的阳光雨露。"作为学生，对于创业往往比较模糊不成系统，课程内容很多无法真正领会；作为创业者，走出校园，历经市场的摔打后再来回顾这门课，感触跟之前是不一样的，会对创业有更加深刻的体会与领悟；作为授课嘉宾老师，回到课堂上分享我们的经验收获，交流我们曾经踩过的'坑'，又是另一番感触，这门课很值得！希望这门课可以成为母校培养更多兴业英才的重要支撑，帮助创业的清华学子为中国乃至世界经济和产业发展作出贡献，从而回报母校、回馈社会、报效祖国。"邵金华博士总结道。

1403 紫晶立方王世栋：深耕"3D打印"的十年①

题记——王世栋（图8-3），毕业于清华大学汽车系。2014年，王世栋以编号为1403的创业团队参加"创办新企业"课程学习。2014年3月，北京紫晶立方科技有限公司注册成立。

---

① 本案例撰写执笔人：师文倩、王威、张冰。

图 8-3 紫晶立方创始人王世栋

2012年，王世栋作为交换生到德国学习，在当地科技馆参观时看到了3D打印机，一下子就被吸引住，从此与3D打印结下了不解之缘。紫晶立方成立后获得新《公司法》颁布以来的北京市第一张营业执照，编号为00000001。当晚，王世栋作为首个拿到新版营业执照的创业者，登上了新闻联播。

紫晶立方3D打印团队专注于低成本、高质量家用级3D打印机的研发、生产和销售，专注为教育应用、家庭应用、艺术设计、快速原型开发等领域提供3D打印技术解决方案，大力开拓与3D打印机相关的软件、网站、服务等领域。

以下为王世栋的访谈实录。

创业缘起

我在清华大学汽车系学习期间，于2012年至2013年在德国交流留学。期间，我接触到了3D打印技术。起初，我只是想把它做成一个有趣的项目，但随着越来越多的人愿意购买我的产品，我开始接受订单并在淘宝上获得了一定的销量和粉丝群。

2013年，我们开始在淘宝上销售自己设计的3D打印机。尽管销量不高，但我们曾经获得过销售冠军。这款3D打印机的性能比市面上其他产品更出色，尤其是在外观设计和打印性能方面。这使得我们的产品在市场上具有很强的竞争力。

这段经历让我意识到，成功并不一定需要按照既定规划来实现。我父母是做生意的，从小耳濡目染，也受到一些影响，于是决定创业。此后公司发展经历多次起伏，家人在经济上、精神上对我的鼓励和支持也让我更加自信和坚定自己的选择，在创业路上更加有勇气和动力去面对各种挑战。

在3D行业十年起伏，依然心存希望

2014年3月，北京紫晶立方科技有限公司在启迪之星成立。公司一成立便获得了天使轮融资，当时的主营业务是研发、销售3D打印机。

2015年底，我们团队规模迅速扩大，着手进行机器的组装和加工。基于发展需求，在启迪之星的对接下，公司落地天津。同年，我们获得了天津市政府引导基金的投资，并得到政府办公场地、税收优惠政策等支持。当时，我们的主要业务是销售3D打印机，在线上平台的销量和影响力都很不错。后面我们又获得了新的融资，用来进行互联网业务，并建立了3D打印模型共享平台和3D打印交流社区。在天津，公司业务发展进入一个小高潮，业务量增长很快，公司营收也快速增长到2000万元左右。

2016年至2017年，我们公司遇到了成立以来一次较大的危机：一是融资没有成功，现金流中断；二是由于北京周边的制造业发展不佳，环评一直未获批准，生产也因此暂停。为此，我们减少了互联网相关的业务支出，集中投入3D打印设备和3D打印产品上，另外着手准备将工厂搬到深圳。

2018年底，我们搬到了深圳，在深圳的前期发展还算不错，但后期也遭遇了一些挫折。由于我们的合伙人中有很多在北京、天津一带，搬到深圳后，很多合伙人也离开了。

目前，紫晶立方的合伙人只剩下我一个人，公司的3D产品主要销往海外，如美国、东南亚、欧洲这三个区域，2022年，我们的营收在400万元左右，能够实现盈利，并有新的业务在酝酿中。

2023年，是步入创业的第10个年头，回顾过去的10年创业经历，紫晶立方离不开我，我也离不开紫晶立方。虽然，我本人现在也有一些其他选择，但是现在无论从公司还是我个人的发展来说，我都想坚持把紫晶立方的业务继续做下去。这十多年来，我把所有的心血都放在了公司上，并且也已经做出来一些有价值的东西，获得了一些盈利，所以我不会放弃。

现状：专注3D打印灯饰行业，年销售量10万台

公司目前聚焦于灯饰行业，这是一个相对低端的行业，但是其市场规模却非常庞大，约有千亿元量级。随着人们对美学和环保意识的不断提高，对于高品质、个性化的灯饰需求也不断增加，因此这个行业仍有很大的发展潜力。

　　凭借多年的创业经验,从横向比较来看,3D打印普通的东西优势不大,但是灯饰领域却尤为突出。

　　2015年,我们开发出一款月球灯产品成为爆款,这款产品衍生出来吊灯、台灯、触碰夜灯等品类,以及很多月球组在一起的灯饰,是市场接受度最高的一款产品。我们在量产过程中也慢慢探索出灯饰更适合做3D打印。首先,灯饰作为装饰品,需要造型多样化,有设计感的造型会产生比较高的溢价。另外,3D打印的非工业级的精度没有那么高,所以成本也不会很高。

　　中山古镇是闻名国内外的"中国灯饰之都"。目前,我们现在做的3D打印灯饰在古镇的市场接受度非常高。公司拥有大约几百种产品,其中包括很多热销的单品。虽然受到疫情的影响,但去年我们的总销售量仍然达到了大约10万台。此外,我们还与设计师合作,并建立了一些渠道合作伙伴关系。

　　3D打印是新工艺,单价比传统工艺要高一些。目前我们工厂的机器设备数量有限,整体供应能力有一定瓶颈,但我们的产品是可以替代很大一部分传统工艺的产品的。因为现在很难进行新的融资去扩展,只能一点一点积累。

十年创业中的经验与教训

　　我比较擅长技术,但是在市场、公司管理、供应链管理、成本控制等方面却相对薄弱。而这些领域对于一个创业公司来说同样重要,但是我当时没有足够的经验和知识来应对这些挑战。如果时间回到10年前,我会在以下三个方面做得更好。

　　首先,我会更加看重现金流。企业需要具备一定的自我造血能力,以应对市场波动和风险。我会时刻关注我们的运营和决策对现金流的影响,以确保我们的业务运转良好,并且有足够的现金流以支持未来的发展。

　　其次,我会在团队协同方面更加注重合作与沟通。我会定期与团队成员和其他利益相关者分享公司的进展和计划,以确保所有人都对公司的目标和计划有清晰的认识。

　　最后,在进行公司决策时,我会充分考虑各种因素,包括市场趋势、竞争对手、客户需求等。我会认真听取专业领域的合伙人的建议,并与他们进行充分的讨论和沟通,以确保作出的决策是最优的。

　　经过这10年,我自己也在学习和成长,我在做决策和规划时,会考虑到更长远的时间范围和更广阔的背景,更加注重当下和未来的情况,帮助我们更好地评估风险和机遇,做出更加明智的决策。这让我能更好地掌握现在的机会,为未来做好准备。

学生创业面临的挑战和"创办新企业"课程

我认为在校生创业风险挺高的。随着技术的不断发展和竞争的加剧，现在的创业环境比以往更加复杂和具有挑战性。在这种情况下，要想成功创业并不是一件容易的事情。

在硬件制造领域，由于技术门槛相对较低，企业需要在成本控制、生产效率、供应链管理、市场营销等方面具备较高的竞争力，才能在市场中获得优势。如果学生创业者能够有效地控制成本、提高生产效率、优化供应链管理、开拓市场等方面，同时具备坚定的信念和稳定的心态，那么仍然有可能在硬件制造领域取得成功。

在企业管理和运营上，我没有经过系统性学习。但我在2014年参加的"创办新企业"课程中有所收获，我记得梅萌老师、高建老师都给过我很多的帮助。后来在课程毕业后，公司在北京、天津、潍坊、中山古镇时，张金生总和启迪之星也一直在给予我们支持，我也经常和启迪之星江门、启迪之星深圳的伙伴沟通和交流。

当我在创业过程中遇到一些困难的时候，我也会找成功的企业家给我们做交流，这些企业家会给我介绍一些经验。

1501 艺妙神州何霆：创业让癌症不再是绝症[①]

题记——何霆（图8-4），厦门大学生命科学学院2005级本科，2009年保送清华大学生命科学学院，攻读博士学位。2013年，何霆在国际顶刊上看到关于CAR-T技术（嵌合抗原受体T细胞技术）的相关研究文章，便萌生了研究该方向的想法。2015年初，他和两位清华大学生命科学学院的博士生同学鲁薪安、齐菲菲一起参加了"创办新企业"课程，并在2015年毕业后联合创办了艺妙神州（团队编号1501）。2016年，何霆的艺妙神州创业项目参加第三届清华大学"校长杯"创新挑战赛，最终夺得全奖（冠军）。

艺妙神州在2017年完成了核心工艺开发，包括CAR基因导入的慢病毒载体技术和长效T细胞工艺等。2020年4月，艺妙神州拿到第一张国家药品监督管理局的临床试验默示许可。2022年7月，艺妙神州成功获批CAR-T细胞治疗产品的药品生产许可证。

---

① 本案例撰写执笔人：王荔妍。

图8-4 艺妙神州创始人何霆

在新药试验期间，艺妙神州已为数百名晚期肿瘤患者带来了新生的希望。在成立后的8年时间内，艺妙神州主要专注于解决科学和技术问题，做到了行业最顶尖的基因治疗技术，包括基因细胞药物相关的一整套平台技术。基于此，何霆再一次联合鲁薪安，在2022年创立了希济生物，致力于细胞和基因治疗的全领域一站式CDMO（合同、研发、生产、组织）创新转化。

以下为何霆的访谈实录（访谈时间：2023年3月14日）。

创业的缘由和过程

我在清华大学癌症生物学实验室攻读博士学位，主要研究方向是肿瘤微环境调控。起初，我从未想过创业，只想怎么研究好癌症，终极理想是治好癌症，当时觉得理想很遥远。事情的转折发生在2012年，当时有一位叫Emily Whitehead的小姑娘，她于2010年确诊晚期恶性白血病，在接受骨髓移植、化疗和各种不同的靶向药的治疗后，病情始终没有得到好转，终于到了无药可救地步。在最后关头，Emily接受了CAR-T治疗，最终幸运地战胜了白血病并正式出院。2013年，我又在顶刊上看到了关于CAR-T技术的文章，也是在这一年，CAR-T这项技术被《科学》杂志评为2013年度十大科学突破之一，受到全球学术和产业界的广泛关注。那段时间，我把这个方向几十年的专利和文章都看了一遍，从对CAR-T技术的不了解，到认为技术可行，再到深入调研文献和专利，我想我看到了这项技术治愈癌症的希望，就诞生了研究这个方向的想法。

与此同时，在美国从实验室基础研究走出来的科学家团队分别参与孵化了Kite和Juno两家公司，先后在纳斯达克成功上市，并在几年后将划时代的CAR-T创新药推动上市。当时，虽然全球范围内还没有任何一款基于CAR-T技术的产品真正转化和应用成功，但是我敏锐地意识到，CAR-T并不局限于科研，而是作为药物技术在正在被突破，并且距离新药上市也不远了，于是我和当时同在研究癌症的两个同学决定创业，希望将来能够让这项技术能够在中国应用和成功，并做出我们自主创新的药物。

截至2023年5月，我们在国内已经治疗了超过300位晚期癌症的患者，其中有大量患者从晚期癌症的生死边缘最终重获新生。我们艺妙神州已经有多个处于临床阶段治疗癌症的基因细胞药物产品，既有针对血液肿瘤，也有针对实体肿瘤，覆盖了包括淋巴癌、白血病、骨髓瘤、肝癌、胃癌等疾病。我们每个产品都是针对晚期肿瘤进行治疗的，其中首个治疗晚期淋巴癌的产品也将在近期提交上市申请，还有一个非常新的治疗晚期结直肠癌的产品，我们看到了特别好的临床疗效，这很可能会是CAR-T领域内全球首个实现治疗晚期实体肿瘤的重大突破。对我们而言，在创业中最重要的就是梦想，"让癌症不再是绝症"的使命，一直支持着我们把CAR-T技术研发到今天。

解决基因细胞药物的市场痛点

基因细胞药物在治疗罕见病、癌症等重大疾病中展现出了前所未有的颠覆性治疗效果，但其售价也极其高昂，全球最贵药物榜单Top10中，基因治疗药物独占7席，最贵的3款售价均超过300万美元，多款新药一经上市就刷新"最贵药价"的世界纪录。而在CAR-T治疗领域，在目前全球为数不多获批上市的几款CAR-T产品中，国外售价为37万至47万美元，折合人民币约为260万至330万元，而从国外引进国内的两款产品——奕凯达和倍诺达，价格虽然比国外便宜了一半以上，但最低也要120万元一针。毫无疑问，这在我们人均GDP不足9万元的中国，是绝大部分普通家庭难以负担的！想要解决这一难题，让我国广大癌症患者都用上物美价优的CAR-T药物，有且只有依靠国产自主研发这一条道路。

为什么我们可以降低CAR-T高昂的治疗费用，最核心原因为我们是自主研发的，拥有行业内最高比例的国产供应链，并且省去了昂贵的中间环节，做到了基因细胞药物全流程的自研、自产。这放眼全球CAR-T行业，也是十分少见的。

作为基因细胞药物领域的明星，CAR-T是通过提取患者自身的T细胞并对其进行基因修饰，使其产生嵌合抗原受体（CAR），从而使T细胞能够识别并攻击肿瘤细胞。其中，CAR对应基因修饰，T对应T细胞。基因修饰技术成本占比高，而且是核心技术，同行企业的基因修饰部分全部外包，没有自产的，这部分占成本的1/4至1/3。艺妙神州的战略是中间产物自研、自产，这条道路非常关键但又极其困难，我们花了五年才拿到第一个批件。目前全球上市的6个CAR-T药物中，没有一个是自产基因修饰技术的。而且，因为基因修饰技术是平台型的技术，很多技术都需要用到基因修饰改造，艺妙神州做出白血病的基因载体后，可以拓展到其他癌症。因此，我们就可以跟别人合作，对平台技术进行授权，帮助别人定制化开发。

此外，我们还自研了一项全新的快速高效制备CAR-T的技术平台——InstanCART，目前已成功运用在多发性骨髓瘤上，不仅在临床试验中展示出了良好的安全性、有效性以及抗肿瘤效率，还成功将CAR-T制备时间从2周缩短到3天以内完成，从而打破目前CAR-T细胞药物生产周期长、生产成本高的痛点，进一步降低患者CAR-T治疗的可及性，有希望让国产原研的全新CAR-T药物"飞入寻常百姓家"。

为什么参加课程学习？

产生创业想法之后，缺乏企业运营管理经验是我们团队最大的短板，因此参加"创办新企业"课程，从那以后步入了创业快车道。

参加课程的收获

在"创办新企业"课上的路演是我的第一次路演，在校园里的路演和第一次就面对投资人是不一样的，我可以在课程中看到同学们的路演，从中学习提升自己。这8年间，我做过无数次的自我介绍和路演，每一次都比那次更好，刚开始融资时的路演都会提前演练并对自己提出比较高的要求，比如掐时间和讲稿，所以到后来每次路演我都能准确地控制好时间。

"创办新企业"课程不仅手把手地教我们撰写商业计划书，还讲授了如何就投资条款清单（term sheet，TS）展开谈判，这些确实都是创业过程中会遇到的。自从上了"创办新企业"课程，我们很快就完成了第一轮融资，当时的投资已经超过100倍的回报。清华x-lab创业DNA基金（简称DNA基金）就是我们的天使投资人之一，此后我们也非常有幸间接地参与了DNA基金对学校的一次捐赠。

关于创业课程对于创业的意义，我认为，创业就像在准备一场满汉全席，上一堂创业课就像学做番茄炒蛋一样：学员是做饭小白，想要学习烹调的原理，就得先学做番茄炒蛋；没有任何一个课堂学习能教会"满汉全席"，但有可能让我们见识一下做过"满汉全席"的前辈经验。在课程中，我们能和大神级别的企业家和创业者面对面交流，这点非常重要，这让我们觉得创业成功不再遥不可及。比如，其中一位授课导师盛景网联的彭志强董事长，不仅是课程的客座讲师，还是投资人。

创业成功的经验

我们在一开始做的很重要的一点就是我们选择了正确的战略。我们选定了癌症治疗、基因细胞药物自主研发这个领域，来作为我们的战略，并且8年以来我们一直都在做这件事情。坚持了8年以后，我们发现好像我们已经成为这个行业里最"老"的人了。我们看到，不少同行相继消失，或者是出现了一些问题，很少有团队能够把这样的战略坚持下去，一直坚持自主研发，一直在基因细胞药物这样的一个新的技术领域去深耕。其实，即使做一个简单的战略，只要能长时间坚持，无论遇到什么困难，都坚定不移地继续下去，也是一件很不容易的事情。

同时，我们也有一支优秀的创始人团队。我们三个清华校友，也是三个"创办新企业"的课友，我们一直都很团结，可以说是背靠背协同作战。但是，医药行业其实是一个不论在壁垒还是在体系上门槛都非常高的领域，我们做着做着就发现仅靠我们三个人是远远不够的，所以我们一直在吸纳非常优秀的人才来加入我们。我们的核心高管已经有十几位了，而我一直是里面年纪最小的一个。我一直觉得，这个团队里面我无论在智商上还是在经验上都可能是比较普通的一个人，但是我能让比我更有经验、更聪明的人加入这个团队，跟我一起去奋斗，这是一件让我比较骄傲的事情。另外，我也觉得对于每个创业公司来说，很重要的一点是，作为CEO的你应该去找到最优秀的人来跟你一起工作，这样才能让团队不断地去迎接更大的挑战。

最后，我们开始创业的时候也是处于非常特殊的时期，当时"大众创新、万众创业"的政策环境非常好，资本市场还是非常火热的。对学生创业者来说，那是一个很好的时代。

如何看待经验不足的问题

学生创业团队可能都会存在经验不足的问题。不过，一些特别优秀的创业者都是学生时期创业，比如比尔·盖茨、扎克伯格。我觉得缺乏经验可以是你做不成某一件事情的理由，但不应该成为你做不成每一件事情的借口。

我认为，我们无形之中做得特别正确的一个战略是我们选择了一个大家都没有经验的领域。其实经验这件事情是相对的，当所有人都没有经验的时候，没有经验，也不算是没有经验；当所有人都有经验的时候，虽然你很有经验，但也不能算有经验，你只有比你的竞争对手更有经验，那才叫有经验。经验获得其实都集中在我们面临的每一个挑战的关键的节点上，而你需要做的就是去发现问题的根本，然后解决问题。于是，我们做着做着发现自己可能变成了最有经验的团队。如果你真的没有经验，又担心自己做不好一件事的话，那作为学生创业团队最好的选择可能是去做一些大家都没有经验的事情，这样大家都在同样的起跑线上。

给学弟学妹创业的建议

科技领域的创业，技术是排第一位的。关于创业的初衷，我希望一定不是基于要去创业才去创业，而是因为想做成一件事情，而创业可能是做成这件事情最好的路径。我希望每一个从清华走出来的科创团队，在技术上都应该是最强的创业团队。"创办新企业"应该要让技术大拿具备管理企业的能力和素质，培养既懂技术又懂管理的复合型人才，这也是清华应该做的事情。

"小发展靠努力，大发展靠时势"。我觉得我们创业做对了很多事情，但是最重要的是，因为我们正处于一个非常好的时代的背景之下，尤其是有这么好的"创办新企业"课程的指引，有这么多前辈给我们做榜样，因此我们靠自己的一点努力，做成了我们曾经很难去想象的事情。最后，希望学弟学妹们都能坚持做正确的事，无论什么时候都不晚，不用着急去创业。

1505　佳固士姚国友：清华学子，建筑良医[①]

题记——姚国友（图8-5），1988年生，浙江安吉人，清华大学水利水电工程系2011级直博生，2016年博士毕业，在系里做了一段博士后。2015年参加"创办新企业"课程，团队编号1505，2016年获得清华大学启航奖[②]金奖。

姚博士在清华大学师从安雪晖教授，专注于混凝土新材料的研发，特别是自密实混凝土技术。2017年姚博士创办了佳固士新材料有限公司，自主创业实现了将进口混凝土工程防水防护材料完全国产化。公司产品成功应用到北京冬奥会主场馆、南水北调工程等大型项目中，公司还作为参编单位参与了国家行业标准的修订工作。

2023年中国科学院院士、清华大学原校长顾秉林一行亲临佳固士苏州总部参观指

---

① 本案例撰写执笔人：张玉民。

② 清华大学启航奖是清华大学为进一步鼓励广大毕业生面向基层、国家重点发展地区、艰苦行业就业而设立的奖项。该奖项每年表彰100名毕业生，其中金奖10名、银奖30名、铜奖60名。

导，并以"清华学子、建筑良医"八字相赠，希望佳固士继续践行清华精神，通过不断的技术创新和成果转化，推动建筑领域防水修缮等新技术的跨越式发展，打造真正解决建筑渗漏难题的高科技企业——"建筑良医"。目前，佳固士已成功完成天使轮和A轮融资，入库苏州相城区首批"苗圃"工程计划，加速新建防水和建筑修缮市场布局，聚焦自愈合防水第一股，并向着这一目标踔厉奋发、勉力前行。

图8-5　佳固士创始人姚国友在现场施工

以下为姚国友的访谈实录。

创业机缘：解决行业难题，引领材料革新

在清华大学水利水电工程系深造期间，我专注于混凝土新材料的研究。我意识到，尽管混凝土作为建筑行业的基础材料无处不在，但其开裂与渗漏问题一直是行业的痛点。起初，我们团队依赖进口防水材料产品进行推广，然而高昂的价格限制了产品在市场上的普及。我的导师安雪晖教授带回了日本的先进技术，这让我思考，我们为何不尝试研发更符合中国市场需求且能解决这些问题的新型材料呢？

我们必须走国产化道路，只有这样，才能降低成本，让更多人受益。经过两年多的努力，我们团队成功研发出达到日本技术水平的国产防水材料，并开始在南北水调、向家坝等水利工程上应用，取得重大成功。在博士研究后期，我开始将科研成果转化为创业项目。

创业课程：重新审视和调整商业模式

然而创业之路充满了挑战和问题，如同"拦路虎"一样让我感到困扰。如何高效地把产品推向市场，采用何种商业模式以及如何有效地宣传都是首要解决的难题。在这个关键时刻，我的导师安雪晖给我发了一条微信让我看到新的契机："'校长杯[①]'开始了，你去试试吧！"在导师的鼓励下，我决定参加清华大学第二届"校长杯"创新挑战赛。经过一系列的努力和挑战，我们的团队最终荣获银奖。这是团队的一个重要里程碑，也是我创业旅程中的一个崭新起点。

几乎与此同时，2015年，安教授推荐我选修清华大学经管学院和清华x-lab联合开设的"创办新企业"及"新技术的商业化"两门课程，以提升我在创业方面的知识和技能。在此之前，我对创业管理几乎一无所知。我相信，掌握最新的创业趋势和经验，以及将新技术转化为商业成功是任何创业者的必备技能。在传统商业模式受限、创业环境日新月异的情况下，唯有具备创新思维和对商业趋势的敏锐洞察力，方能在竞争激烈的市场中脱颖而出。在课程中，我与这些优秀的企业家和校友交流，他们的实际案例和真实经验给我提供了宝贵的见解和启发。在课上，印象最深的一点就是创始人股权的重要性。只有自己独立掌控公司，才能以创业者心态去经营公司，而不是打工人心态。于是毕业后，我毫不犹豫地回家乡成立自己的公司——佳固士新材料有限公司。坦白讲，刚起步时，我几乎一无所有，没有资金，没有团队，也没有市场，只有一个初步的设想。但我明白，如果不勇敢尝试，就永远无法抓住机遇。

创业进阶：跨越难关，研发与市场双重创新

2016年博士毕业，导师让我挂了一个博士后，过渡一下，以便我能够更好地为创业做点准备。2017年毕业后，我回苏州创立了自己的公司。我拿出了个人积蓄甚至还有结婚彩礼共计100万元，加上申请政府的人才补贴100万元，筹到了创业资金200万元，在清控科创的孵化器中租赁了办公室，开启了我的创业之路。

创业初期资源短缺，面临着如何生存下去的问题，我瞄准民用家装补漏市场，凭借改良优化的现有技术，研发出了一款液体防水涂料，可以不破坏瓷砖就能修复渗漏，特别是家庭卫生间的防水补漏问题，这在市场上非常受欢迎。公司不仅在产品定位和研发上取得了突破，更在市场推广上展现了创新。当时微信公众号还属于比较新的媒体平台，我和有粉丝基础的专业博主进行合作，我写一些科普性的关于防水材料

---

① 清华大学"校长杯"创新挑战赛是清华大学首个以校长冠名的赛事活动，由清华x-lab发起和承办。招募对象面向清华大学师生、校友，目的是选拔真实的创新创业项目。"校长杯"创新挑战赛以"关注推动社会进步的创新"为核心定位，旨在发现、培养和提升学生的创业领导力，以推动社会进步、解决经济和社会所面临的重要问题为己任。

补漏材料的文章在他的平台上发表，唯一的要求就是最后要附上我的个人二维码。写了几篇之后，短短的几个月，我微信5000号人全部加满了。因为很多人有这个需求，想要学新材料新东西，而且清华博士做出来的东西，他们都愿意来加我微信结交，帮助我们积累了第一批种子用户。我的第一桶金就是这么来的，是靠一桶两桶的材料积攒起来的。随着产品影响力的增加，行业头部公司东方雨虹主动找上门建立合作关系，有了第一笔小几百万元的订单，公司也就一步步发展起来了。

2018年，苏州清弘基金给了我们500万元天使投资，于是我们开始逐渐扩大公司规模，在浙江设立生产基地。天使轮投资主要用于公司的防水与修缮业务板块，推动修缮堵漏新材料新技术的研发和全国经销商市场的建设。2020年，我们完成了超过1000万元的A轮融资，投后估值超过1亿元。我们开始启动平台化建设，纵深发展混凝土防护、结构自防水、建筑修缮及地下室三防产业链。疫情三年业绩相对比较惨淡，2023年公司业绩实现大幅增长，销售额达6000余万元，产品更是应用到国家冬奥会主场馆冰丝带、南水北调工程等重大国家项目中。

关于销售，目前我们公司主要采用经销商代理制，而非直营。因为新型防水材料的使用需具备专业知识，专职技能的培育开发及行业人才的培养就显得格外重要。佳固士已与国内多所院校开展合作，如与清华大学合建科技研究院，和北京西南交大工程技术研究院共建水木扬华混凝土研究所，2024年我还联合苏州市吴中技师学院组建佳固士新材料产教学院，现在已经第六期了。

对于公司未来发展，我也满怀信心。我们将持续研发新材料，拓展市场份额，同时积极寻求与国家重大项目的合作机遇，我相信，通过不断的创新和努力，我们可以为建筑行业带来更多的变革。

创业路上的支持：优势互补的伙伴与家人支持

在公司发展过程中，需要特别重视团队的搭建。公司现任总经理是我的高中同学金鑫，我们非常互补和默契。我们是高中一个班的同学，后来我本科去了河海大学，他去了西安交大。毕业后，他选择去工作，而我则去清华读博了。他经常关注我朋友圈的动态，2017年决定来找我，想加入我们团队一起打拼一份事业。当时他在另一家企业做总经理，同时在我们这里兼职了一整年，2019年正式离职全职加入。

当时我也很愿意请他来，他有很强的管理能力，而这方面又恰巧是我所欠缺的，而且高中同学信任感是比较强的。他现在是公司总经理，我是董事长，很多经营事务都是他在打理，我就专心把产品做得更好。截至目前，我们已从最初的两个人发展到现在的66人团队，生产基地也从浙江安吉迁移到了苏州。

创业之路充满挑战和困难，我建议大家要学会与人分担压力，不要自己一个人扛。我很幸运拥有一位优势互补的伙伴，以及全力支持我的妻子。如果只是我一个人，我估计很难挺得过来。有两个人，你跟他一倾诉一聊，这个压力其实就减少一半了，再加上还有投资方、股东，还有一个好的团队。我们的投资方也很好，不催着我们上市，就要稳当慢慢来，这对我们整个创业心态的稳定起到非常重要的作用，而且他也会介绍更多的资源进来。

企业家责任：建筑良医，以人为本

我对企业家责任的理解包含三个层面：首先，要确保员工有归属感，因为员工是企业最亲近的伙伴；其次，要确保客户对产品或服务感到满意，这是企业生存和发展的基础；最后，企业应对社会有积极影响，包括推动行业进步和节约资源。企业家不仅要追求经济效益，还应该承担社会责任。我们公司曾向广西百色贫困地区捐赠十几吨防水材料，帮助解决居民的住房问题。当地群众深受感动，给我们团队回寄了芒果。收到芒果的时候，我们还是很开心的，很感动，真的是一种双向的奔赴。

2023年中国科学院院士、清华大学原校长顾秉林在参观指导佳固士苏州总部后，对我们秉承清华大学"行胜于言"理念所展现的创新精神给予了高度赞扬。他称赞我们团队为"清华学子、建筑良医"，并鼓励我们继续以清华精神为指导，持续推动技术创新和成果转化，引领建筑防水修缮技术的新突破。我认为"良"既是技术优良，更是良心企业。防水其实是比较特殊的，它不是一个看得见的工程，它含在装饰层下面，往往都是隐蔽工程。以前有开面包车的"马路游击队"，他们为了利润更高，用一些不好的材料或者对人体有害的材料，由于信息不透明，老百姓也不知道，我觉得这是昧着良心去挣钱的。我们坚持使用安全、环保的材料，拒绝以牺牲质量为代价追求利润。我们不光是技术上要优良，其实更多的是要对得起自己的良心。

创业感悟：在创业中得到全面成长

创业之后人的自信心会更强一些，包括言行举止、演讲或者表达能力都得到显著提升，整个人的信心气场看起来跟没创过业的肯定是不一样的。创业是一个全方位的锻炼过程，它让你学会面对挑战，解决问题，这是任何课堂都无法教授的。我非常鼓励有志于创业的人，如果有合适的项目，应该勇敢去尝试。但需要提醒大家，创业需要稳扎稳打，切勿急功近利，要一步一个脚印地达成目标。如果是为了创业而创业，我觉得就没必要了，还是先工作积累一些经验积累一些资金，到时候再出来创业更加稳妥。

1515 蓝晶微生物李腾：创业的路上"时刻迎接改变"①

题记——李腾，清华大学生命科学学院生物系博士。2015年，李腾和实验室同门等一行人，带着"海水发酵低成本生产生物塑料"项目入选"创办新企业"课程，团队编号1515。2016年10月，以"海水发酵低成本生产生物塑料"项目为基石，成立蓝晶微生物（Bluepha），正式迈入合成生物学产业领域。

2023年3月，"创办新企业"教师团队带队到蓝晶微生物北京总部参观交流（如图8-6所示），创业6年的李腾已经不像草创期的时候那样着急和焦虑了，他说："我早先会特别着急，是因为那时候看到的大多数创业，其实都是移动互联网的，它就是变化很快，经常有很大的起起伏伏。但后来我意识到，这不是创业的常态，它只是一个非常特殊的领域。而在更广阔的领域里，长线的思考或者慢速的发展，实际上是个更常态的东西。想明白这个之后，我就开始更笃定了。"

图8-6 "创办新企业"课程教师与蓝晶微生物联合创始人李腾和张浩千合影

（左起：张帏、李腾、高建、张浩千、张金生）

---

① 本案例撰写执笔人：李志慧。

李腾认为，创业开始的时候，自信也好或不自信也好，最重要的在于，创业者要知道未来就是会有巨大的变化。创业最重要的能力就是学习能力，一定要有开放的心态，并且能快速地学知识，目标要笃定，方式要灵活。他说："我和张浩千就是这样的特点，我们总是会ready for change。"Bluepha六条价值观里，第一条"始终创业"就讲这个事，无论是企业的融资，还是企业的管理，抑或是寻找人才资源、建设团队。李腾也是这样奉行的。现在，Bluepha已拥有超300人的团队，已完成B轮融资，累计销售收入近1亿元。

以下为李腾的访谈实录。

创业的初心

生物带来的"欢喜"与"忧愁"　在高中的时候，我就认准了要学生物，后来如愿以偿进了清华大学生物系，我当时觉得特别好，觉得终于实现了人生理想。慢慢地，我发现跟清华其他专业不同，做科研实验似乎是生物系学生的"唯一出路"。虽然生物很好，但我不想走这条"唯一出路"，这让我对生物产生了焦虑感。大二的时候，我接触到全球合成生物学学科竞赛（iGEM），这也是我第一次接触到合成生物学。因为连续两年去美国麻省理工学院（MIT）参加比赛，所以我有机会参观MIT在生物领域的自动实验室，我发现许多实验是可以用机器来完成的，自己所学的东西以后都是被替代的，这让我的内心更焦虑，同时，我也发现合成生物学有很多的可能性。合成生物学为我打开对生物的新认知，我似乎找到了未来的方向。

清华创业氛围的感召　我在清华读书的时候，做过学生工作，负责一些创业的事情，接触了很多创业的故事，我多多少少还是受到清华创业氛围的感召，那个时候挺热闹的。从那时候起，我也在心里埋下了一颗"创业"的种子，也想为学生物的人创造更多的机会。

创业的契机

获得导师的极大支持　在清华读本科期间，考虑未来去向的时候，我就想去创业，但那时候我也没想好做什么，我就去跟陈国强老师聊这事。陈老师说，如果我想创业，可以先到他这里读博士，在读博士期间，他会用一种新的方式培养自己创业。本科毕业后，我就直接考到生命科学学院陈国强老师的实验室，开启了我在清华大学的博士求学生涯。陈老师的支持对我特别重要，因为我能够自如地分配自己的学业与创业时间，而那时候大多数研究生是没有这种条件的！

储备丰富的创业知识，对创业不只停留在"想法"上　大概从大四一直到研二，我上了很多的创业课程，比较系统地学习了创业知识。我记得，当时清华经管学院针对全校学生开设的所有创业课程，我都去学了。

与张浩千的相识　张浩千和我是在iGEM竞赛上认识的，我是清华的队长，他是北大的队长，我们对创业的想法不谋而合。记得那时候，我们经常在一起聊创业，我们觉得合成生物学里好多事儿是可以创业的，有时候会聊得挺兴奋，有时候又觉得要再沉淀沉淀想法。我们对生物有着极度的热爱，合成生物学就是一个释放点，在合成生物学领域里寻找创业机会也成为我们当时特别笃定的事情。

"意气风发"的阶段

有过在经管学院上创业课的经历，"创办新企业"对我来说并不陌生。2015年，我加入"创办新企业"课程。作为学生创业团队，我们团队成员都是实验室的同学，创业项目也来自实验室。当时的项目团队如同"蜜月期"，我们觉得什么都完美，马上就要成功了的状态，真的很激动人心。因为初创期定的目标还是非常高的，我觉得当时对很多东西仍然不了解，知识和经验的积累都还不够，应该多学习东西，多看看别人是怎么做的，所以我们处于一种非常亢奋的状态。在"创办新企业"课上，我学到了如何解决创业中遇到的实际问题，像如何制定企业战略、如何管理企业、如何估算企业估值、如何合理分配企业股权以及产品营销，等等。课下，我也会跟团队的人每天聊规划以及学习创业的各种事情。不仅如此，课程期间，我们的创业项目还获得了清华大学第二届"校长杯"创新挑战赛的冠军。

从"蓝水生物技术"出发

2016年，Bluepha成立。Blue是一种技术路线，即蓝水生物技术，因为当时的实验微生物是用海水养的，因此取名Blue；Pha是一种材料，是未来的产品基础。实际上，我们做的这个事儿，看起来是个材料的事儿，但它背后的底层是合成生物学，可能是一个更大的事儿。Bluepha的诞生说明，公司要以合成生物学规划自己的未来，这个时间点也正好是资本市场开始转向科技领域的一个窗口期。同年年底，我博士毕业，开始正式创业。

来自清华创业生态的助力

学校很重要，清华帮助很多　回想起第一次融资的经历，记得当时有校友问我们要不要融资，给我们介绍了好多投资人，这些投资人主要是围绕清华师生寻找项目。所以，清华的创业生态圈对我们来说是很重要的资源。

课程生态的帮助　参加"创办新企业"课程之后，我也得到了课程生态的帮助，获得了启迪之星、导师等资源。"校长杯"夺冠后，我觉得我们会更好，但是之后其实遇到了特别多的问题，我们沉寂了一阵子。在2016年下半年，有一次参加启迪之星的活动，遇到了经管学院的高建老师，当时也聊了我的近况。后来，经高老师引荐，启迪之星在我们创业初期最难融资的阶段投资了我们，给予了Bluepha帮助。

时刻迎接改变

初期的Bluepha遇到了问题　初期的Bluepha没有实现"马上就成功"，而是遇到了一系列问题。2016—2018年，这两年还是挺难的，就是很痛苦，我们虽然拿到了一些投资，但是发现这事比我们想的要难得多，而持续发展动力是不够的。另外，我们的技术路线做不下去了，因为当时的技术并非很成熟，需要给一定的时间和资源，所以没办法持续地降低成本，得到质量足够好的产品。到2018年下半年，Bluepha还出现了代工不顺利、团队核心成员离开、没法融资的问题。"如何让Bluepha做更好的产品？"和"如何让Bluepha活下去？"是我当时首要考虑的问题。

Bluepha迎来转机　从2019年开始，Bluepha基本上换了一条更成熟的技术路线。随着外部资本市场比较大的转变，合成生物学变成了一个"风口中的风口"，Bluepha的境遇也渐渐地迎来转机。我们就更笃定了，觉得PHA虽然做得慢，但这是客观存在的，肯定会慢，也肯定会难。在做难而正确的事情时，各路人都来帮忙，所以算是一个比较稳步的发展，但这发展也是在慢慢加速的。

最早"吃螃蟹"的人　2021年，合成生物学领域很热闹。我感觉这与高瓴给我们投资关系很大。高瓴的这轮投资对我们是非常关键的，对于整个行业也是很关键的。实际上，这个领域基本上还是一个资本支撑的领域，所以资本的看法对整个行业来说还是非常重要的。自此之后，Bluepha的估值涨得特别多，融资也涨起来了，现在也是加速越来越快了，我们的团队开始有比较充足的资源能去做过去想做但做不了的事情！

1601　拉酷科技龚华超：从"实现不了"到自我突破①

题记——龚华超（图8-7），清华大学美术学院工业设计系硕士。2016年，龚华

---

① 本案例撰写执笔人：李志慧。

超带着"提供一种感知输入的新方式"的项目入选"创办新企业"课程，团队编号1601，期间获得了课程基金天使轮500万元融资。2017年硕士毕业后，龚华超正式走上创业之路。

图 8-7　拉酷科技创始人龚华超

大学之前，因为获得过计算机奥赛奖牌，龚华超一直想学计算机专业，然而有绘画特长又生长在艺术世家，招生老师认为将科技与艺术结合的工业设计专业更适合他。后来，龚华超被优先录取到南京理工大学的工业设计专业。一接触，他发现这才是他的"真爱"，废寝忘食地设计，研究和扩展知识面，结果是收获几十项大奖、最年轻的德国红点奖至尊奖得主、央视的聚光灯、创立设计公司、永远做不完的客户产品设计项目以及对产品的感知和第一桶金。

龚华超认为，创业是一件独特的事、冒险的事，是在未知的路上探索，寻找搭建路径，从无到有并在混乱之中把这个东西做起来，正如"从悬崖上跳下去，在空中造出一架飞机的过程一样"。他很鼓励同学在学校开始创业，而且坚持到创业成功，但过程中有太多的诱惑和挑战。他说："中国申请专利很多，但真正被应用的不到5%，我们国家需要有一群坚持的人，见微知著，具有匠人精神。"

如今，龚华超是清华大学企业家协会（TEEC）的一员，他觉得清华是一个很好的地方，校友们互相支持的系统很好，能感受到很多表率力量，大家都很朴素、热爱运动，对自己产生了很大的影响。龚华超说："每次看到清华企业家协会里事业成功、肚子很小、头发不少，还穿着朴素干净的师兄师姐们，我就觉得创业有很大的奔头。"

以下为龚华超的访谈实录。

一颗创业的种子

大学时期，我对工业设计极度热爱。记得一次专业课老师让我们设计垃圾桶，我立刻开始思考，每天迭代，设计了20多个垃圾桶方案，仔细考虑不同场景下不同的创新设计细节。而其他同学二、三人才设计1个，都是交作业前熬夜完成。交作业的时候，我非常"卷"地交了一沓方案。

在生活中，我也随时关注日常物品的设计，往往是一些不合理的设计，结果能想到的大部分设计改进，早已有人想过了，我当时感觉自己就是在沙滩上一直捡冷石头。我听说，试金石是天然温热的。我就在沙滩上捡石头，为了防止把冷石头重新捡起来，我就用力把它扔到海里。后来，我发现电脑上有可以设计的地方，我想把电脑的触控板位置设计成临时的九宫格数字键盘，九宫格数字键盘上每个数字都围绕5，这样不仅按每个键的时间会缩短，而且还很方便，更重要的是，这是全新的设计想法。

为了验证想法能否实现，我找到了一位计算机教授，但教授觉得这种想法从原理上"实现不了"，并通过电脑演示，证明触控板只能传输相对位移。眼见为实，专家+实验，让我觉得我又要把这个想法像一块冷石头一样，狠狠地扔到海里。

幸好，我和宿舍同学说了这个把触控板变成临时的数字键盘的想法。"什么时候做出来？我要用。"我同学边晒衣服边不经意地说。我却因此感觉到一丝暖流，就像是小火苗被暴风吹灭了，居然又冒出一个亮点。他捏住了手里这块差点被我扔到海里的石头。

我辗转找了很多人，而后终于通过打羽毛球的机遇，碰到一个人愿意来帮我。3个月后，通过一系列软硬件底层的开发，我用触控板在电脑屏幕上打出了第一个数字，我的设计想法的可行性被证明了！

设计的价值之一是影响足够多的人，所以我把自己的设计投到工业设计领域的奥斯卡——"红点奖"，并获得了"Best of the Best"（至尊奖）。当时，央视频道（包括央视国际频道）以及江苏和苏州的纸媒纷纷报道。随后一些小公司开始找到我，让我来做设计，还在读大二的我也积攒了第一桶金。之后，保持着每年至少获得一个国际大奖的节奏，陆续获得了iF、GOODDESIGN在内的多项国际大奖。

来到清华让创业成真

2013年，我到清华美院的工业设计专业继续深造。研一期间的一场活动上，我听到36氪联合创始人李艳波说："设计不应该是设计师手里的绣花针，而是改变世界的核按钮。设计师不应该是做最后环节的装饰，而应该是从用户体验端参与的人。用户体验驱动的创业时代来临了。"我恍然大悟，设计师不仅可以做设计公司，还可以做产品，我一直想把获得各个国际大奖的设计作品变成产品，我应该去创业！我认为，中国有太好的供应链，没有什么想法不能实现；在清华又有最好的技术，只缺产品想法。

2014年拉酷科技成立。2015年，拉酷科技得到了空中网CFO、360战略和营销负责人以及上市公司CEO等共同投资，给创业萌新提供了财务、战略、营销与管理的保驾护航。

当时，产品处在软件已实现、硬件还未定的状态。为了能做出理想的硬件产品，我去深圳找了无数的工厂，一家当地有名的工厂为我做了样品。我把样品放在地上踩了两下，拿起来发现字迹被磨掉了。当场的人都震惊了。我询问能不能印出不会磨损的产品？能不能印到背面？工厂的人告诉我实现不了。我又一次遇到了"实现不了"的情况，但依旧没有放弃。为了一天能多跑几家工厂，我常常把饼干当饭。甚至为了确定一个工艺细节，没有去参加我们学院的毕业典礼。功夫不负有心人，后来我拿着200张以独特工艺处理、不会磨掉字迹的免费样品回来了。拿到完美产品的一刻，我觉得这就是我的毕业仪式。我带着它们，见了很多投资人，好产品自然节约了很多口舌。

清华大学创业教育的影响

清华的创业教育，能够让我这样一个美院的学生，在很短时间内，学到很多创业的关键知识。因为有一定的计算机和设计背景，专业背景相对固定，我发现想创业需要了解很多。所以，我在清华x-lab学了所有的创业课，清华经管学院的课程能够给我带来专业以外的知识。我有机会见到很多创业者心中的大神，扎克伯格（Zuckerberg）、埃隆·马斯克（Elon Musk）、彼得·蒂尔（Peter Thiel），他们让我很震撼。我问扎克伯格创业最重要的是什么，他果断地回答："坚持！"

我常常谨记的一个故事：一群人在森林里弹尽粮绝，但他们突然发现了一个木屋，找到了地图，按照地图走出了森林。在森林外，他们遇到了村民，村民看了地图说，这根本不是这片森林的地图。创业就像这样，走出森林需要的是一种信念，我始终觉得创业是一件可行的事儿。"我从来没想过放弃。"

如获至宝的一门课

2015年，我在清华x-lab公众号看到"创办新企业"的课程信息，随即报名并成功入选，我参加"创办新企业"课程是希望学到对创业有帮助的知识。在获红点奖的时候，我从来没见过其他红点奖的真人，而在清华我亲眼见到了很多成功的人。创业需要研究如何管理营销、思考战略定位、做好商业计划、了解投资条款，如果不是清华的学生，没上这门课，我是无法在很短时间内学到这些知识的，所以这是我参加"创办新企业"的原因。课程最后路演环节，梅萌老师给我的项目打了全场最高分99分，跟我说："还差1分是怕你骄傲。"因为这门课，我获得了500万元的天使投资，这次投资像是本科毕业拿到了清华的保送名额，"创办新企业"把自己"保送"到创业这条路上！

始终坚持自己的创业方向

从清华毕业后，我一直专注在"创办新企业"参课项目的创业方向，没有追风口、没有换方向。很多时候，看到别人融资了、上市了，我也会很焦虑，但慢慢地，我觉得"要看目标，别看别人"。

拉酷有了稳定的收入。经清华校友的介绍，我接触到了联想的高管刘军，开始与联想探索业务上的合作，在试用效果不错的情况下，联想与拉酷开展业务层面合作，并持续开展零售合作，当时搭配率为20%，从此拉酷拥有了稳定的收入。后来，在京东、有品、小米（线下店）、英龙华辰等平台也卖产品，业务逐渐做起来了。在这个过程中，拉酷不断迭代产品的工艺，利用镜面原理的方式成功将数字印到了背面，实现了永远不会磨损的工艺，又找到日本和德国供应商，供应0.14mm的玻璃。我将品质做到了极致，"和A4纸一样薄的矿物玻璃，几乎是物理极限"。

遇到了危机，及时止损。2018年，刚刚毕业一年的我迎来了梦想中的业务机会。联想与拉酷打算进一步合作，与拉酷签约数千万台电脑的软件预装机合同，这一切都是如此顺利。一个发明，从想法到实现，即将因此变成行业标准。这有点像USB，可能以后每台电脑的触控板都不再只是鼠标，这么大一块离手近的地方可以被用户更好地利用起来。

可就在同一年，我遇到一位新加坡投资人说要给拉酷投资，我接受了投资人的条件。然而，投资中间的一系列操作却让拉酷深陷危机，投资人要我们租下他的空楼，同时还要求用他的公司来装修。股份交割完，又因"需周转"，投资的钱分批给我们，而且每次给还有新的"幺蛾子"。拉酷面临严重的困难，甚至现金流一度不足以支撑公司继续运营。

后来，在清华x-lab老师建议下，我果断砍掉了正在装修的大办公室，搬去顺义的一间"普通"办公室里，避免公司的进一步损失。当时拉酷已经请不起律师，我就亲自上阵，仲裁了这个投资人，并打赢了仲裁。刚踏出校园一年，就被社会狠狠毒打了一次。

当时的拉酷，就像空中故障的飞机。我当时感觉，除了我和几名员工以外，我还有将近10万名用户，十几位投资人，他们都是我的乘客，但这架飞机就没钱了，没有动力了，我想要飞机能够平稳地飞下去，最好不要迫降。幸运的是，后来我们在空中修好了飞机。

"雪中送炭"让拉酷渡过难关。一段时间后，联想创投知道了拉酷的困境，给拉酷投资，还签了预装合同。直到2020年，联想的投资资金进来，公司才逐渐恢复正常。我有时在想，如果当时公司拿到了那次投资人承诺的数千万元投资，那么公司应该会做很多动作。但很快就暴发新冠疫情了，如果我们在疫情前扩张，很有可能撑不过疫情。这场风波，让拉酷保持了精瘦的团队，保持盈利，渡过疫情，我也一夜成熟了很多，也算是因祸得福吧。

实现了拉酷 inside

从2022年开始，拉酷正式成为联想电脑的标配，这种方式让拉酷的销量大量增长。后来，清华同方也预装了拉酷的产品，而且直接将数字印刷在电脑触碰板上，不需要贴膜，实现了拉酷inside。之后，更多的品牌开始与拉酷合作。

现在，拉酷正在探索人机交互领域，AI+硬件产品是拉酷正在努力的方向。我们推出了多款能让人以多感官与AI交互的产品，在纯软件形式同质化竞争的AI领域标新立异，让拉酷有了更多的想象空间。技术始终在变，创新地满足用户的需求，是我们做产品不变的出发点，这也是我们以创新设计构思蓝海产品的核心能力。以个人化的AI连接各种技术、信息与人，增强人类能力，释放人的创造力，是我们下一个十年会做的事情。

1605　元育生物肖奕博：创业即生活[①]

题记——肖奕博（图8-8），2014届东北农业大学生物工程本科，2019届清华大学生物学博士，2021年深圳大学出站博士后，元育生物创始人&首席执行官。曾获2023

[①]　本案例撰写执笔人：侯尧杉。

年北京市科技新星、全国创新创业优秀博士后、2023年珠海市创新创业团队带头人、2023年度胡润U35中国创业先锋、2022年度胡润U30中国创业先锋、福布斯中国2022年度30 Under 30、2021年珠海香山创业英才等奖项和荣誉。博士后出站后在北京清华工业开发研究院（以下简称"工研院"）工作期间参与孵化多个科技型概念验证项目，积累了宝贵的科创经验。

图8-8 元育生物创始人肖奕博

2015年第一次创业成立北京科乐睿拉教育科技有限公司（品牌名称：趣小科），2016年参加"创办新企业"课程（团队编号1605）， 2021年创办北京元育生物科技有限公司（以下简称"元育"，英文名称：PROTOGA），专注于微藻合成生物领域的技术开发及生产应用，目前在北京、大湾区、海南及山东等地设有实验室、工厂及国际营销中心。微藻基原料在大健康领域市场空间巨大，元育是目前少数能够在分子水平挖掘和创造微藻基原料并以工业化方法实现规模化量产的科技创新型企业。元育作为中国稀缺的微藻合成生物企业，始终注重关键核心技术的自主化，并将其牢牢融入企业的战略发展理念中，已成功推进3款微藻基原料（Omega脂肪酸、虾青素及微藻蛋白）进入商业化阶段。截至2023年8月，元育已完成三轮融资，累计金额超亿元。

以下为肖奕博的访谈实录。

课程学习和创业经验让我更成熟地选择二次创业

在2014年保送进入清华直博前我就想创业，2015年5月写了第一份BP，创办了趣小科，积累了相关创业经验，2021年6月二次创业创办了元育。

在实践梦想的路上，我参加过很多创业课程。当初通过清华x-lab了解到"创办新企业"的课程会邀请多位专业老师和企业家进行具体实战模型分析，并传授如何与投资人及客户进行沟通等实用技能，可以让不同专业出身的学生系统了解创业和商业运作，我认为那是一个非常难得的机会。同时，我还参加了x-lab举办的首届CEO特训营，知道课程结束后很多同学都得到融资，我也深受鼓舞。

"创办新企业"的课程中，例如融资、爆发点等内容令我印象深刻，商业模式的学习也起到很大的启发作用。首次创业项目趣小科从2015年的商业化教育到2018年转型成为社会型企业（NGO），我的创业思路发生了很大变化，在创业领域的认知度也在不断提升，这跟上了创业课程有直接的关系，比如认识到教育不是生意，不能当成简单的生意去做，等等。

参加创业课程的学习给我带来很大的帮助，一是让我找到归属感，找到了同一类的群体。二是这个课程和培训起到了加速作用，帮助我以更短的时间来了解见识到创业的知识和经验，正如张帏老师所说的，这个课程加速了我们的成长。另外，课程也锻炼了自己To G的能力，增加了与政府单位沟通的经验。同时相关行业的校友都有交流，在学习课程的过程中认识到很多人，校友优质资源多，能量巨大，进入创业圈，通过参加路演、分享会等都能获得很多重要的行业信息。在校期间创办趣小科的两年多时间，让我经历了一个完整的、"微型"的创业过程，也许叫作"快速创业体验"更合理，并且通过了清华各种创业课程的系统学习与梳理，创办元育的时候，我的创业心智更加成熟了。

元育生物的成立与发展

2019年我到深圳做博士后，后加入北京清华工业开发研究院工作，做产业化孵化相关的工作，比如生物医药方向的概念验证等。工研院有非常成熟的产学研运转机制，我的职业发展目标之一是成为某个科技项目的商业化负责人。2021年4月在DEEPTECH工作的几位清华同学开始为Venture lab小组挖掘科技项目，他们调研完微藻产业后找到我谈一些合作机会。这次机会将我原本两年后的创业计划提前开启了。而且当时正好赶上了合成生物学、替代蛋白、碳中和三个投融资的"风口"，给我开启创业项目创造了非常好的"天时"，于是2021年6月我创办了元育。

元育专注微藻合成生物产业，微藻是地球上最古老的生物之一，利用二氧化碳或简单有机碳源即可在细胞内合成高价值的产物，比如omega-脂肪酸、蛋白质、多糖、类胡萝卜素等，这些产物在健康食品、皮肤健康、动物营养和植物保护领域都有广泛的应用价值。元育已将藻油DHA、藻源虾青素推进至商业化，元育工厂获得了ISO 9001、ISO 22000、HACCP、HALAL和KOSHER等国际认证，并且开启了全球销售，预计2024年底将会推出"微藻蛋白"这一重磅产品，作为新型可持续替代蛋白，元育微藻蛋白将会为全球食用蛋白市场带来崭新动力。此外，元育也在积极推动更多微藻源原料开展新资源食品和FDA GRAS注册，通过微藻细胞工厂解决"卡脖子"的生物基原料、实现关键原料国产化，为大健康产业提供稳定、高质量的新选择。

截至2024年1月，元育生物得到了非常多的认可与支持，比如国家高新技术企业认定，第二届全国博士后创新创业大赛现代农业与食品赛道金奖，珠海市创新创业团队资助，珠海市产学研项目资助等。非常荣幸，在2023年12月，我们完成了我的导师清华大学生命科学学院吴庆余教授向元育签署的独家技术转移，内容涵盖了微藻育种、发酵、油脂提纯等全方位的技术、知识与经验。

创业路上遇到的困难及收获的经验

我在二次创业的过程中依然面临着许多挑战，比如：如何让科研背景的管理团队持续学习管理技术？如何减少管理团队的内耗（在第一次创业时我甚至无法清醒地分辨哪些事件或者行为会产生内耗）？如何将每一笔资金价值发挥到最大？逆势时如何调整发展战略？等等。当然，相比第一次创业，我对创业过程的认知有了很大改变，能够更加理性地看待创业过程中出现的任何事件，我这两年成长的关键词是：不卑不亢和不悲不喜。全新的创业让我对资本、市场、技术、人才、政策和公关等都有了全新的认识。

有两点特别想要和学弟学妹们分享，第一，科研工作者创业一定要"扔掉"一些科学家思维，创业做什么从来都不是技术决定的，而是市场需求决定的。第二，正确认识资本，钱不是万能的，人才是。

创业于我而言就是生活的一部分，它会带来酸甜苦辣各种滋味，但我始终充满热情。

1609　暖心壹疗金方怡：创业是我的职业[①]

题记——金方怡（图8-9），清华大学经济管理学院MBA，2016年参加"创办新企业"课程，团队编号1609，同期创办暖心壹疗。暖心壹疗是一家致力于为抑郁症医患提供治疗解决方案的互联网医疗平台，通过微信公众号暖心医疗可以实现患者在线咨询、诊断和测试及线下治疗反馈；通过暖心壹疗App打造了一个医生与患者之间的在线问诊模式，集专业化、数据化、精准化于一体。

图8-9　暖心壹疗创始人金方怡

以下是金方怡的访谈实录。

对创办新企业课程及老师的印象

我是一边上课一边实践的，所以其实课上还是蛮多收获的，也确实用到了实践过程中。

第一点，作为一家新企业的发起者，需要建立一个对于企业的整体运营及其全生命周期的认知和概念框架，特别是整个过程中各阶段的管理的关键点，包括估值的逻辑、资本运作的逻辑。当时，雷霖老师、张金生老师给我们做了一些案例的分享，帮我们建立创业全程的认知框架。第二点，在这个过程当中，特别是早期的新企业，

---

① 本案例撰写执笔人：刘舒婷。

能够识别新的商业机会很重要。识别商业机会的方法论是在课上学到的。这样可以帮助我们规避很多不必要的试错，不走弯路。第三点，创业对于创始人是很高挑战的修炼，如何去建立对于创业的长期的这种心态上的认知很重要。我印象深刻的是当时梅萌老师在这方面做了很多的引导。

作为创业者，如何理解和践行企业责任感

暖心壹疗本身是一个商业项目，不过，在我们这个赛道，也会有一些公益属性。

从我自己这些年的感受来说，一开始，可能很容易混淆社会责任和商业探索这两者之间的关系，到中间过程的某个阶段，会感受到他们二者之间的矛盾，再到后来、到现在，我觉得他们俩是非常一致的。创办一个新企业，其实这个举动的初衷和利益就决定了这个项目的长远性，如果说我们去打造的商业模式本身是服务于社会、服务于用户、服务于大众的，它本身就在践行它的社会责任，也只有这样，商业模式才会长远。

在我看来，在最开始的商业机会识别和创意设计过程中，一个创始人就应该加强去理解、贯穿和融合商业属性和社会责任这两者。

创业中的心态调整

我在创业的时候把自己变成了自己的用户。我有过很多焦虑、抑郁或者是自我怀疑的情绪，而我的这个项目刚好又是和精神健康比较相关的。

回看所有创业者的整个创业历程，创业者的情绪波动会呈现为一条有规律的曲线。一开始，你可能因为有新的idea、得到了新的机会、获得新的融资而很愉悦，包括认识了新的合伙人、组建了新的团队，大家也都在甜蜜期。随着项目的进行，业务不断地深化，可能会慢慢地探索到一些业务的关键点，接触到一些关键客户、关键项目，这个阶段，难免会遇到一些新的问题、新的困难，心理压力就会逐渐上升了。随着这些困难和压力的不断增加，可能就会开始否定、怀疑，有失败感。我自己还是很荣幸地全流程地经历了这样的一个过程。在创业之前，我认为我自己的心理素质还是不错的，风险偏好及抗压能力也都还可以，但其实真正亲身经历过这个过程之后，我发现，这个过程有客观性、有规律性。

回过头来看，最艰难的是你从自我否定和自我怀疑中走出来，坚定地要创办这家企业；不断地在万念俱灰中去寻找一些机会，找到一些可以捕捉的希望，然后慢慢地再带领团队去抓住一根稻草、一丝机会，慢慢地再盘活。这是一个很艰难，但很有收获、很有意义的过程。

创办一家企业其实是一场马拉松，这个高速成长的过程非常有挑战性。很多和我一起在2014年、2015年创业的同学，不断地有关停自己的企业的，也有现在仍然在继续创业的。我会发现，有两个让我们保持良好心态的非常关键的品质，一个是持续的韧劲儿，一个是对于新鲜事物的好奇，能够把创业当作一种对新事物探索的终身的习惯和使命。

作为一名女性创业者，对女性创业的挑战和看法

我非常鼓励和倡导女性创业，我觉得这个过程确实是一个特别的经历。在这个过程中，你的成长速度以及对于这个商业或者社会底层逻辑的构建，是非常快速的。

女性创业会有一些优势。第一点，女性做事情更认真更仔细。女性在商业机会识别后的落地和实践这个过程是有天然的优势的，把这些战略解码，一步步推进的过程，我们能建立更精细化的管理机制和闭环的体系。第二点，创业团队，特别是早期的创业团队，需要比较强的凝聚力和leadership，而女性更容易创建一个早期的团队，建立一个更"family模式"的团队。第三点，我们在跟投资人或关键客户沟通的时候，也会有一定的优势，因为女性更容易获得信赖。

不过女性创业也会有一些挑战。女性创业者做事很仔细，所以会容易陷到一直在低头做事的状态，在平衡抬头看看天和低头做事儿这两者之间的精力分配不合理。而CEO这个角色需要的更多的是做好大方向的把控，在这个部分，女性可能不如男性的大局观清晰。第二点，同样的是，在这个长期的团队融合过程中，创始人和合伙人的关系处理上，也是需要抓大方向。第三点，女性创业者到了一定年龄，需要平衡家庭和创业之间的关系。我也见过很多，无论是男性还是女性的创业者，家庭还受到创业的一些影响。

创业中的家庭关系

首先，创业这件事儿，不是所有人都能理解的。创始人不要建立"我觉得我的家人必须无条件支持我"这样的一个认知。也许本身我们的家人会支持，但他无法对你正在做的这件事和你有相同的认知，他支持起来的力度不一定达到你的预期。比如，他可能不理解创始人要去处理和面对多少事，也不知道这个过程当中到底要做到什么程度、事情到底有多紧迫，大家的信息是不一样的，所以他可能没办法理解为什么你要把你所有的时间都放在创业这件事儿上。那么，创始人首先要做好的就是把信息拉齐。

所以，创始人第一个投资人不一定是资金的投资人，而是家庭成员。我当时还会自投一些资金，那我就更得像面对投资人一样去面对我的家人，我要让他知道我有哪些进展，要让他感受到为什么我对这个项目会如此地看好，为什么我会这么兴奋，我为什么愿意投入进去，我觉得这一点是非常关键的。

确实，没有创过业的人，是很难理解创业者在这个创业过程中的这些执念和坚持的。特别是早期，项目不成熟，大家都在劝你放弃，投资人劝你放弃，客户劝你放弃，家人不理解的时候也会劝你放弃吧。那这个时候其实就很容易产生很多矛盾，也可能会加剧关系的恶化，也加剧着创始人本身心理状态的变化。

所以，我觉得，其实创业者最重要的投资人，一个是资金的投资人，另一个就是家人。

在公司被收购后，新的职业规划

暖心壹疗属于互联网医疗这个行业和赛道，它涉及政府端、医院端，涉及医生、患者，涉及供应链，整个体系也相对复杂。在这种比较需要多端生态联动的产业下，并入大平台（被大厂收购），是可能把这个业务继续更好地发展下去的一种方式之一。

现在，我也在考虑新的创业。目前还在梳理的阶段，我正在密集地看一些项目，整个医疗行业现在的情境和七八年前我们创业时比还是发生了挺大的变化。

我现在认为，创业这件事，对于我来说，确实是一种职业。如果一个人自我认同的身份就是一个创业者的话，那也许进入大厂工作也只是一个短暂的休整，最终还是要创业的。

再次创业，对成功的定义是怎样的？

我对于成功的定义在不同的阶段会不太一样。在有些阶段，可能会认为成功就是财务自由、公司上市、更多的现金、更多的股票等。我个人经历了一个阶段后觉得，当你去创建一个有价值、有意义的企业或者商业模式，你所运营的这家企业，它在整个商业演变的历史当中，或者是这个行业的发展当中有一定的贡献、有一定的价值输出，这会是我更长久的追求。

1610 侣程科技杨振贤：适时转型柳暗花明①

题记——杨振贤（图8-10），成长于江西进贤县，2001年考上同济大学土木工程学院，2006年考上北京大学计算机专业研究生，2015年就读清华大学MBA并创办北京侣程科技有限公司，2016年选修清华大学"创办新企业"课程，团队编号1610，艰难挺过新冠疫情文旅行业至暗时刻，2021年带领公司转型升级再出发，迎来柳暗花明。

图8-10 侣程科技创始人杨振贤

以下为杨振贤的访谈实录。

最初的创业：乘势创业·扶摇直上

2015年，我考上了清华大学的MBA。开学没多久，清华大学举办创业大赛，我想起了一次糟心经历，而提报了一个人工智能导览的项目。记得2015年国庆节前后，我把自己关在家里，两个星期几乎足不出户，写下了产品的第一版代码。经过激烈角逐，我的项目获得了清华创业大赛三等奖，清华x-lab DNA基金表示愿意给我一笔钱做天使投资。当时正值"双创"高峰，万众创业氛围浓厚，清华大学的一位老师对我说："像你这样有技术背景，又有一定管理能力的人，应该出来创业。"2015年7月，

---

① 本案例撰写执笔人：曹洪美。

我带着一个打败"黑导游"的创意，毅然开启了自己的创业路，创办了北京侣程科技有限公司，这是一家跨界的、面向人工智能导览技术及其行业应用的移动互联网科技公司，基于领先的人工智能导览技术，先后针对不同场景推出了导游、导航、导购等产品及其方案和服务。

"如果有一个好导游陪伴，会极大地丰富你的旅行体验。"抱着这样的想法我开始了尝试。"听途"作为第一款实验性的产品，在3个月内覆盖了800多个城市的3000多家景区。随着我在清华MBA学习的不断深入，"听途"二代——"风吟旅行"诞生了。"风吟旅行"结合了我过往工作中的LBS（基于位置的服务）经验，迭代为全行业第一款能够智能导览、智能讲解的App，上线一年便拥有近百万名用户。乘着人工智能的东风，我的团队于2017年9月顺利研发出全球第一款中文人工智能导游——"Ai导游"，被称为"小Ai"的人工智能，成为百度在旅游领域唯一的3星线上AI合作伙伴。2018年，我作为"侣程科技"小组队长带着"Ai导游"项目在中国MBA学生创业顶级赛事——2018（第十六届）"光明优倍"杯中国MBA创业大赛获得了亚军。

由于这款产品切中了国内景区信息化的痛点，因而备受欢迎。到了2018年，我的公司就实现了盈亏平衡。我带着公司把产品进一步延伸，应用到了更多场景，比如商场和营业厅，因为导游和导购本质上没有太大区别。初步的成功，让我在清华大学的MBA圈内小有名气，也让我感觉创业好像没有那么难。

逆境中转型：至暗时刻·柳暗花明

从2019年10月开始，公司现金流出了问题。记得公司一位小姑娘说，她卡里只有8毛钱了。我只好从信用卡里转了1万块钱给她。那一年"大众创业"已走过五个年头，创业热潮已有冷却之势。

雪上加霜的是，2019年底新冠疫情肆虐使得全球旅游业遭受巨大的冲击，我苦苦坚持了将近1年的时间，不清楚疫情会怎么发展，真的是陷入了至暗时刻，同类的创业企业相继"歇菜"了，我觉得必须得转型，不能在一棵树上吊死。2021年开始，我带着团队转型做建筑机器人。疫情逼迫的创业转型，我为此真的是"扒了好几层皮"。

转向建筑机器人主要因为中国人口老龄化日趋严重，而建筑施工又是一个劳动密集型资本密集型的领域。所以我的想法是通过早期人机协作的方式，不是完全代替人工，而是用智能协作的方式提升人工的效率，因为几十年以来，至少二三十年来，中国施工领域这样一个以劳动力为主的模式没有变，工厂制造业的升级和建筑领域的升级变化是非常缓慢的，我觉得这里面有比较大的机会。2021年开始，我带着团队研发，2022年做出了第一款产品，2023年实现了两三千万元的营业额。但是，新冠疫情对建筑行业冲击很大。我清楚建筑行业最大的困难是回款难。我和团队花了两三年的时间，基本上解决了其中一两道工序。我们现在的全套产品包括腻子和涂料，原来是人工一版一版来刮的，而现在依靠刮抹机器人和喷刮机器来完成。人工一天也就刮60~80平方米，我们设备一个班组做下来可以是传统效率的2~3倍，所以我们就有巨大的成本优势。同时，我们的质量管理很严格，不依赖于工人的责任心和技巧。所以这款产品做得还可以，市场上前期销售还不错。

在整个建筑行业下行的情况下，各企业"卷"得很厉害，最大的问题就是资金。资金的风险比较高，为了确保资金安全，我尝试了金融上的创新。2023年我做了一个探索，我拿合同找中间资金方，给其比如说年化15%的回报，风险共担，如果这一步能够跑通，公司业务就不会受资金的限制。但是，这个领域项目风险评估不够标准化，所以推进起来比较难。

我能做成有几个原因：一是我们只针对长三角的客户，资金风险更小一些；二是我们赶上了2023年初之后中国住建部在全国22个试点城市专门推动智慧建造的政策。这个春风使得我们可以去挑一些重点项目，而这些重点项目的资金是非常可靠的，资金风险小一些；三是我们的利润比传统的空间利润要高，议价能力较强。我们的价格比传统的要便宜，因而付款周期、付款条件在合同上能争取更优厚一些。

创业之体会：创业亦易亦难

回看创业之初，2015年、2016年创业资本比较"热"，创业项目融资相对容易，其实现在看来，这在一定程度上也会误导大家，让大家觉得好像创业是一件很容易的事情，毕竟市场上又在宣扬各种成功的互联网创业项目，整个市场充满机会。但实际上回头看，创业还是一件很艰难的事情，它需要反复提升和打磨，要把很多事情想得特别清楚。

我们拿到的第一轮融资来自清华x-lab DNA基金，第二轮融资来自猎豹移动，而且都是在新冠疫情之前拿到了融资，这对我们挺过至暗时刻很重要。再就是，我获得了江苏科技领军人才的荣誉称号，当地政府在信贷和场地各方面给予了补贴，也为我们渡过难关起到了重要作用。

最开始想创业的时候，其实我是雄心壮志的，但在这个过程中，我觉得是自我内在认知和外部客观世界的反复碰撞，最终达成一个内外一致的过程。现在我的目标仍然是想把企业做上市，这个目标是没有变的，而且更加清晰，我只要明确哪几个维度的数字达到一个怎样的级别。比如：我去年有多少客户？相比前年我大概增长多少？我沿着每年的趋势，需要做哪几件事情，然后进一步增长2～3年，我能够实现一年多少的净利润？大概多少的体量，就能达到一个很舒适的区间？实现目标的路径相对来讲更加清晰，之前可能会有一个愿景，但是路径不会像现在想得这样清晰细致。以前就在那仰望星空，星空是看得见，但是恍恍惚惚的；如今随着对行业了解的深入，目标就更加清晰。目标可能没那么高大上，但是更加具体了，可操作的更多一点。这个过程就像你要到火星上去看看，为此开始学航空动力学、空气动力学。学了以后，你再来想这个事情，或许就能清楚这不一定能做到。但是，你看待这件事的角度和过程也会与之前不一样了。

转型之坚定："旧业"不再重拾，"新业"勇往直前

新冠疫情基本结束后，我很清楚、很坚定一件事，那就是不再重拾"旧业"。这几年至暗时刻让我看清了商业本质。2016年创业，其实很大程度上被市场或者周围的外部环境"迷惑"了创业理性，那时不去看商业的本质。其实回过头看，做文旅这个领域不是一个特别赚钱的事情，因为它不够标准化，并且差异化很大，它天生就是一个创造性的行业。每个景区都不一样，客户的诉求也完全不一样，要想把一个景区做透，一个IP做透，都是差异化的，它不适合标准化、工业化，它其实不太适合技术创业，它的可复制性、规模化、标准化的能力很差。

虽然建筑行业的趋势是在"往下走"，但它的体量大，标准化程度很高。虽然不同的结构设计是不一样的，但是工序、工艺、建筑材料是高度相似的。一旦做成一个，就比较好推广，在别的地方都可以做。我打造出我的竞争力和核心壁垒，再放到各个地方，甚至放到全球别的国家也是一样。但文旅的话，每个地方差异化太大，IP会变化。随着时间的变化，人的需求会变化，所以今年流行一个东西，明年流行下一个东西，后年流行另外一套东西，每年流行的东西会不一样。我打造出的壁垒在发展过程中每年都可能会变化。实践的过程中，现实给出各种反馈，促使我的认知不断提炼，也让我越发深刻地认识到这就是商业的本质。

1626 深鉴科技姚颂：创业实现社会价值和理想价值①

题记——姚颂，清华大学电子工程系 2015 届本科毕业生，曾是斯坦福大学访问学生。姚颂于 2016 年参加"创办新企业"课程，同年创办深鉴科技（团队编号1626）。2018 年，深鉴科技以 3 亿美金价格被 Xilinx（赛灵思）收购，并成为中国 AI 领域第一家实现退出的创业企业。此外，他还是前经纬中国投资合伙人、无限基金SEE Fund 创始合伙人，并担任全国青联委员，同时也是清华大学最年轻的大额捐赠人。2021年，姚颂担任商业航天公司东方空间的联合创始人、联席CEO。

以下为姚颂的访谈实录。

开始创业的契机

创办深鉴科技的契机来自于我本科导师汪玉老师的研究方向，而我只是幸运地在他那开始做研究，又幸运地挑选了这个方向。

参加课程学习的原因

参加课程的时候是2015年下半年到2016年上半年，那时候我已经是本科毕业生，刚刚开始创业。这门课是汪玉老师推荐来上的。当时借由清华x-lab成立后邀请各个院系参与共建的契机，时任信息学院常务副院长的张佐老师把信息学院包括电子系在内的各院系分管教学的老师叫到一块儿交流，汪玉老师从中了解到这门课程，然后推荐给了我们。在创业的早期，深鉴科技的COO是一位叫张鸿的同事，当时他还在清华电子系读研究生，其实是张鸿去选的课，我是正式注册的旁听生。

参加课程的收获

陈大同老师分享的他关于芯片创业的经验以及对于产品的想法，对我有很大帮助。当时，每节课都有不同的教师，我印象最深的是陈大同老师，因为他所在的行业跟深鉴科技当时创业的方向比较接近，也是芯片相关的，他本人又是一个很有亲和力、很愿意帮助大家的学长。陈大同老师讲了很多展讯芯片当时有关策略和决策的问题。比如，他总结的"70分"经验，就是说，对于某一新产品，如果技术人员的理想目标是100分，那一般来说，做到70分，商业人员或公司的管理人员就需要将其作为产品推向市场了，追求技术的极限完美永远是做不到的，往往会影响公司的战略发展。

---

① 本案例撰写执笔人：王荔妍。

他还特别举了展讯MP3芯片失败的例子。深鉴科技团队与陈大同老师合影见图8-11。

图 8-11　深鉴科技团队在课程期间与陈大同老师交流合影
左起：姚颂、陈大同、张鸿

在选课面试和最后结课的时候，课程团队汇报商业计划书，有几位评委参与答辩，当时有一位清控金信的投资人说："你们做的这个事情是我一直想看到的事情，可能等你们再成长一些，我们还能再投资。"这也让我们更有信心了。

创业融资对心性的磨砺

在最初第一轮融资期间，我们通常每天白天都会见两家或者三家投资人，然后得到负面的结果。晚上回来，我就会和汪玉老师一起在实验室复盘，判断哪些意见提得对，哪些意见不用理会；提得对的，我们当天就改商业计划书。虽然很多投资人的负面反馈的确有值得汲取的要素，但不断地被拒绝让我感到非常绝望。当时经历了无数次被拒绝，而后又得笑着脸、鼓起勇气再去跟人交流，然后又是遭到拒绝。在最终得到融资前，这个反复被拒绝的过程持续了3个多月，我们也改了无数个版本的商业计划书。

这段经历锻炼了我的抗挫折能力和坚韧不拔的心性，对于我后来的成长非常有帮助。那个时候，汪玉老师经常鼓励我："创业者一定得乐观，一定要坚信你做的事本质是正确的，只是他们还无法理解而已。那么，如果这个事是正确的，你在100家创业投资机构中能够找到一家愿意给你投资，能让你把这个事做起来，其实就够了。你的目的是把事做起来，而不是得到社会的广泛认可。"最后，我就带着这样的心态继续面见投资人，成功拿到了两个清华师兄师姐所在基金的投资。

创业中的关键决策

（一）产品策略

2016年，有一个汪玉老师当年同班的同学是做无人机的，他给深鉴科技下了一个5万架无人机的订单，愿意去尝试新的硬件产品，提供一个试错的场景。但是做出来之后，我们发现，无人机这个市场的天花板太低了。此前我们之所以进入无人机市场，是因为确实没有什么商业思维，看到一年能出货10万架、20万架无人机，就以为很不错了。而且，全球市场的70%被大疆占据，如果无法得到大疆作为客户，其实就没有意义。于是，我们决定马上把无人机方向直接砍掉。

后来，我们又花了4个月的时间做市场调研，期间也得到了一些清华师兄的帮助，成功切换到了安防和自动驾驶两个行业，然后才有了后面阶段性的商业成功，才有了赛灵思的并购要约。因此，放弃无人机，转向安防和自动驾驶，这是一个非常关键的决策。

（二）融资选择

A轮融资的时候，深鉴科技同期得到了英特尔、英伟达和赛灵思的投资意向，最后只接受了赛灵思的投资offer，这是深鉴科技最重要的两三个决策之一。

英特尔、英伟达和赛灵思这三家企业原来都是要求排他的，却因为深鉴科技的技术确实不错，他们不要求排他，愿意跟其他两家公司共存。这在商业史上是罕见的——很可能从来没有存在过这样一家公司，CPU公司英特尔愿意投，GPU公司英伟达愿意投，FPGA公司赛灵思也愿意投。如果换作是一个好大喜功、追求名声的管理者，既然三家愿意共存，他可能就都接受了；这样一笔融资做下来，被投公司当时在全球范围内的品牌名声会如日中天，技术口碑会非常好。

但是，在这时候我们也开始思考，并且意识到，如果同时接受三家的投资，除了得到品牌口碑，公司其实得不到其他任何好处，甚至还有负面的结果。如果三家公司共同投资深鉴，就意味着三家都不会帮忙，也就是抱着防范的心态、参与观望的心态去做。哪怕接受其中两家的投资，也是一样的，因为本质上这三家企业他们都是死对头。这不仅对于后续的业务没有帮助，甚至可能起到负面的作用，因为投资方会看到深鉴在做什么，如果深鉴真的做得好，投资方可以再搞一个团队，做类似的东西加到自己的产品里面去。只有绑定某一家企业，它才能跟自己真正形成战略合作，在业务上能够有所帮助。

所以，最后我们痛下决心，拒绝了英特尔、英伟达等企业的投资，只选择了赛灵思。当时没有选择英特尔的核心原因是，英特尔有很多不同的事业部，最强势的是服务器CPU事业部，但跟深鉴科技有关的是更新的事业部。我们担心在英特尔公司内部竞争的过程中，双方实际上没有办法形成太深入的战略绑定和产品的绑定。赛灵思虽然比较小，但比较明确只做FPGA这一件事，能在产品上技术上和深鉴科技形成比较深入的合作。这对于短期推动客户的业务肯定是很大的帮助，长远看的合作收益也是正向的，因为赛灵思需要深鉴科技发展好，它才会有更多的业务的进展。这个融资决策后来也促成了深鉴科技得到赛灵思的并购要约。

师生创业中导师扮演的角色

在师生创业过程中，一些资深教授有可能认为自己能做好学术就一定能做好企业，于是不够重视在公司做全职工作的学生联合创始人，或是忽视他们对于市场一线的敏感的感知。而汪玉老师不是这样，他曾被投资人评价为"最适合做CEO的教授"。

刚创业的时候，汪玉老师给自己开了一个很高的股份，而其他几个联合创始人都是他的学生，就是个位数的股份。但是，汪老师做着做着就开始觉得自己拿的有点多，毕竟自己也不是全职，于是他就分了一些股份给联合创始人。后来还有一些他的学生又来加入公司了，他又从他自己的股份里切了一块免费送给学生。我认为，这样对于金钱、股权这么大的利益没有那么在乎的人，其实是罕见的。

在企业运营中，汪玉老师主动地退在二线，几乎是我们这些学生联合创始人想做什么他都表示支持，完全相信学生基于一线的感受所形成的决策逻辑。通常，我做所有事会按照一定的清晰的逻辑，但如果出现了一些沟通上的、做事方式上的问题，汪老师会出来做好"政委"的工作。我觉得，这是相当之难得的，不胡乱插手，但是在关键时刻需要汪老师做什么，他就站出来去做。

我觉得"感恩的心"在汪玉老师身上也是体现得很明显的。很多人在成功以后，往往会把成功的原因归功于自己的技术能力、正确决策或者是抓住了怎样的机会，而忽略了大的时代，忽略了周边很多帮助自己的人、学校的文化、校友团结的氛围等等。创业过程中，深鉴科技得到了清华大学很多的帮助。例如，清华大学在2015年12月刚出了科技成果转化的规定，学校对于怎么走流程还不太熟悉，而深鉴科技融资时已经把条款清单都签完了，我们非常迫切地需要把公司实体注册起来，在科技成果转化的手续上，学校给了很大的支持。此外，还有其他一些事情，学校也给予了支持，汪老师一直没忘。

赛灵思的收购，让深鉴科技成为清华有科技成果转化制度以来第一家完成转化与回报闭环的企业。在收购快要交割前一个月左右，汪老师问我："我准备拿到钱马上就给学校捐一笔款，你要不要跟我一起？"当然我也觉得这是应该的，马上就决定要一起。这件事代表汪老师常怀感恩之心，心里一直想着其他人，而不是因为成功就自我膨胀。

二次创业的方向为什么选择商业航天

在深鉴科技被收购的那年，我只有25岁。在东方空间成立的2020年，我也才27岁。二次创业选择做商业火箭发射，不仅方向变化特别大，这件事本身也特别难。之所以做出这样的决定，是因为我觉得不应该在20多岁的年纪浪费了青春，去做投资或者休息了，而是应该再做一些事情。对此，我最后制定了三个标准，第一，是有较大的社会价值、理想价值的事情，而不只是挣一笔钱的事情。第二，是出于自己的兴趣，就是可以非常愿意去干、非常开心地去干的事情。第三，到了80岁、90岁去世的时候，临终之前回过头来看，哪怕失败了也不后悔的事情。商业航天符合这三个标准，在这条路上形成的每一个小的里程碑，都可能是对于国家、对于这个行业而言再往前走了一步，因此，哪怕在做的时候就已经觉得自己不一定能把它做成，我也还是想要去做这件事情，对于失败也能接受得相对比较坦然。事实上，后来实际遇到的困难也超出了我的预想，不过好在现在已经走过了最难的一段时间了，事情开始做起来了。

二次创业的收获和成长

第一次创业的时候，深鉴科技把清华电子系的文化自然地带到了公司。而第二次创业过程中，航天领域的同事都是从各种不一样的航天的院所里面出来的，每个院所的做事风格都是不一样的。而且，航天原来完全是来自国家体系，航天人对于荣誉感的追求，对于规章制度的严格、严谨、细致的把握，其实不是一直在商业端的人能够感受到的。所以，我在最开始全职到公司的时候，也遇到过一些困难，就是说大家可能有很多种不同的风格，需要注意到不同人可能有不同的心态。相比原来，我又更会沟通和做思想工作，能够把更多的人团结到一起。

给学弟学妹创业的建议

直到今天为止，我仍然非常不鼓励学生创业或者学生刚毕业就创业。唯一一种稍微鼓励的情况是师生共创，也就是学生跟着导师一起，按照导师的研究方向去做，并有了一定的成果，再组一个相对好的科技成果转化的团队去创业。除此以外，在其他的情况下，我都是非常反对学生创业的。因为，学生没有任何的影响力和号召力，没有任何的社会经验和社会资源，很多做事方式都特别书生气、不懂社会上的规则，为人处世的方式都受到了清华大学这样一个非常优渥、宽容的环境的影响。特别地，学生的创业思路也大致都局限在实验室和上课期间能够接触到的范围。举一个典型的例子，我看到了非常多的学生创业项目，特别是在校生的项目，都跟在线教育、贫困地区教育、跨国教育或者教育用的工具有关系，因为这就是他们日常息息相关能够接触到的东西，而且也就只能接触到这些。

我认为，相比于社会上的创业者而言，学生的工程能力、管理经验一定是弱的，而且对于新市场上在发生什么其实很不敏锐，于是洞察和愿景也一定不如社会上的创业者。学生唯一的强项是在做前沿的研究上。学生在自己的研究领域可能对全球范围内的进展都比较熟悉，并且有一个很强的研究能力，结合这个研究能力，才有可能做出一点事情，不然在现在这个时代里面真的很难。这已经不是当时互联网刚开始那个啥都没人干、遍地都是黄金的时代，现在已经变了。

1702　极睿科技武彬：创业能够更加全面地成就我自己[①]

题记——武彬（图8-12），1991年出生，本科、研究生均就读于清华计算机系，研究方向为人工智能自然语言处理。研一时萌生创业的想法，研二参加了课程"创业机会识别和商业计划"，后继续报名参加"创办新企业"课程和清华幸福实验室的进阶课程，团队编号1702。

武彬在2017年正式注册公司，研二、研三期间获得天使投资，并正式确定创业项目领域——基于底层数据的服装领域。ToB，垂直在电商领域，客户包括以纯、江南布衣、马克华菲等。服装是非标品类，衣服的图片、视频需要好好呈现，卖衣服相

图 8-12　极睿科技创始人武彬

---

① 本案例撰写执笔人：刘舒婷。

当于卖图。所以AI、计算机识别等技术可以有效帮助商家营销。SaaS，按年收费，目前有百万级别客户，未来将会做更多拓展，做海外业务，目前在B轮融资中。2018年、2019年主要工作地点为北京的研发总部，目前在广州、杭州、上海、苏州都有分部，共有员工200人左右，2024年逐步扩展到300人。

以下是对武彬的访谈实录。

为什么会选择创业？

我在研一时萌生创业想法，主要有四个原因。第一，创业是一项能够提升自己的活动，希望自己可以去迎接这个挑战。第二，受到周围师兄的影响，例如蓝莲花战队、Face++等项目都做出了不错的成绩，师兄们也都实现了自己的价值，我会在想我是否也可以朝着这个方向去努力。第三，自己家里有做服装、纺织相关的经验。本科时期我做过调研，但当时没做得很细致，研究生在本科调研的基础之上做得更具体了一些。第四，我跟系里的师兄、导师也做了交流，大部分同门都去了研究所或者大厂，我是组里第一个创业的，我觉得创业能够更加全面地成就自己。我想创业的领域是ToB（面向企业）的，去大厂也很难积累这方面经验。组里的师兄也都很支持我。

获悉课程的信息来源

我是在系里选课平台上有针对性地去找。当时，周边很多创业的同学都要去找一门经管的课程，我们系对创业很支持，也推荐大家学这样的课程。相比更加理论性的经管类课程，这门课更适合我。"创业机会识别和商业计划""创办新企业"课程的学习，跟我们创业的历程非常契合。从时间上看，我们那时候有比较明确的想法，在探索是否可以做一些电商的评论分析、数据分析，电商的内容，也在思考有什么可以做、为什么我能做、我为什么能比别人做得更好。课程每个环节对我们都有帮助。

学习该课程后的收获

有几个主要的方面。首先是财务方面，当时我对财务一无所知，作为一个理工科学生，第一次听，也觉得听不太懂，有点枯燥，但后来再回忆、再看PPT、再重新学习，觉得很多干货是能用到的。其次，有一些师兄会分享自己的经验，比如讲ToB、ToC，就能明白两者之间的差异。最后，不同师兄的风格也有很大的差异，我就会进一步思考我这样的性格适合做什么。

对于我来说，最大的帮助是两方面。一方面是信息，我看到了一些公司的发展，也看到了不是每个人都一帆风顺，或多或少会遇到问题，也学习了遇到问题如何解决。另一方面是圈子，我看到大家的进展，大家也会一起抱团成长，一起面对困难时，就会更加勇敢。虽然说这门课不能解决所有的问题，但能够让人相对从容些，知道去找谁，去哪里汲取营养。对创业者来说，时间差、信息差、对周边的感知很重要。在这个过程中，x-lab、启迪的群都是很好的补充。

面对难题，如何突破

一是自己身份的突破，从学生到创始人的突破。我们也仍然在摸索阶段，如何发现适合的机会，如投融资过程中回答"为什么做这个事，为什么是你做，你为什么做得好？"这几个问题。首先是学生到CEO角色的转化，要用客户的语言来对话，而客户也不会为CEO的梦想买单，只会为自己的事情买单，对自己有价值的事情买单；同时，我在公司是CEO，出去我就不说自己是CEO，我就是一个销售，一开始都是CEO需要去卖东西，只有自己卖出去，才能要求团队卖出去。

二是从单纯的产品到生意的突破。创业时，每个人都抱着梦想，希望公司能平稳有序发展下去。如何让人愿意为这件事买单，都要经历从找客户到客户使用、从客户不满意到客户满意的变化。

现在的商业计划较之前发生了变化，是如何考虑的

ToB方向没有变化，具体的商业模式有变化：一开始做跟数据分析相关的业务，主要是因为跟我的专业；现在更多做跟内容相关、跟营销销售相关的业务。主要有三个方面原因：第一个是底层技术的考量。经过一段时间的验证，感觉到NLP技术的成熟度还没有计算机那么高，当准确率不够高的时候，效果就不够好；而数据分析也不能产生直接的结果（比如省了多少钱、挣了多少钱），对客户来说，它是重要但不必需的事。我们现在做的内容和营销相关，既能帮助客户省钱又能帮助客户挣钱。比如安踏公司，之前需要十多人，现在只要几个人，能直接节省人力成本，而且内容的优化可以直接提升销量。第二个是产品标准化的考量，每个人想要分析的点不一致，很难标准化。第三个是市场的考量，是否能标准化直接影响市场推广的快慢。

从研究生到现在一直不变的是什么

一是基于底层的算法，我们的团队更多是技术背景出身，ToC需要开创性点子，但我们更加踏实，更加落地，因此我们选择基于领先的技术优势来做ToB。

二是经营理念稳健，有针对性地去解决客户问题，没有跟风地去踩热点，一步一个脚印去做。

1708 材华科技李军配：课程让我更加深刻理性认识创业①

题记——李军配（图8-13），1988年出生，浙江材华科技有限公司创始人、CEO。清华大学博士后研究员，中国科学技术大学和伦敦大学国王学院联合培养博士。作为国内大分子着色剂方面授权专利最多的科研工作者，主持参与过国家自然科学基金、英国BBSRC基金和中国科协专项基金等项目，入选中国科协"青年人才托举工程"（2017—2019年度），曾获GE Foundation TECH Award（第一名）、中国大学生自强之星标兵和全国创新创业优秀博士后等荣誉。已获授权发明专利23项，发表有重要影响的学术论文20余篇，参与国家标准1项（排名3/7）。

材华科技是一家专注于色彩安全化、功能性的创新型科技公司，通过技术创新合成安全健康且具备功能性的大分子着色剂及特种化学品以推动化学和材料的进步，做功能色彩化学品的"中国芯"。产品在生物检测、彩妆日化、儿童玩具、酒瓶漆、涂料、皮革、食用色素、非线性光学材料等多个领域有非常大的应用前景。公司已申请发明专利超过59项。公司已获中科院资本、中关村协同创新基金、香港新世界集团、架桥资本和初辉资本等知名投资机构五轮投资，上一轮投后估值5亿元。企业先后获国家高新技术企业、省"专精特新"中小企业等称号，并建有省高新技术企业研究开发中心、浙江省博士后工作站和浙江省博士创新站等创新平台。

图8-13 材华科技创始人李军配

---

① 本案例撰写执笔人：侯尧杉。

以下为李军配的访谈实录。

课程学习帮助我从学生成长为理性创业者

2016—2018年我在清华化工系做博士后，我在读博士的时候就想创业，跟导师也有过一段比较简单的创业经历，来清华之后希望继续把自己的一些成果做转化。我在清华的时候没有放过任何一个创业课堂或者是创业培训的机会，在清华化工系的时候，我和两个师弟一起参加了"创办新企业"的课程，当时我们团队在课程中的编号是1708。虽然后来我们没有在一起创业，但是这段经历我们都非常难忘。

对于幸福的认知。梅萌老师在课上讲过很多幸福学的事情，我觉得对我现在创业包括对人生的理解很有启发，因为创业本身是一个非常孤独的过程，关键是怎么去调整自己的心态。创业最大的敌人还是自己，如果不能自己扛过去，别人是没办法帮你扛的，而且这个过程你对幸福的感知也是完全不一样的。

前辈分享的启发。"创办新企业"课程请过很多师兄来做分享，当时请了爱奇艺的老总龚宇师兄，还有一些企业家，我觉得这是一个非常好的实战复盘和案例分享。它让我们看到一个企业从终点回到原点的复盘，他所有经历的那些失败的东西或者"坑"，对我们很有启发。而且学员之间的交流会、基地邻居之间的一些交往，也是一个特别好的学习过程。

对财务股权的重视。我们在做学生的时候，面临的事情是比较简单的，可以说那个时候我们都是小白，而要去创立公司面临的事情就是方方面面的。我曾经遇到合伙人的股权问题。这个合伙人是我的大学同学，创业过程产生了一些股权纠纷，因为当时也没有签任何的协议，最后我个人花了160万元回购了他的股权。这件事情让我有一段时间非常痛苦，也让我对待人性，或者是看待一件事物时可能会更加理性。

我以前是不重视财务的，但是在"创办新企业"课程里一直有一个声音告诉我们，创始人即便是搞技术出身的，也要懂法务、财务，懂股权。老师一直在强调此内容，而且来讲课的企业家也有所提及。我深受其影响，收获颇丰，因而我们现在也非常重视财务。

对投融资的理解。"创办新企业"里有一门关于创业投融资的课程，有几个细节我还有印象。我记得当时和老师私下交流的时候，他说了一句话，他说不要总说你不喜欢钱或者表现得很佛系，投资人给你钱，他也是要回报的。他告诉我融资是什么样的，如果他们这个基金做不好，也是有业绩压力的。我那个时候才意识到这是一门生意，或者说是一个商业系统，它是有商业规则和商业逻辑的。投资机构也是想在我们身上赚钱的，而不只是支持我的理想。所以那个时候和老师交流之后，我就开始明白背后的逻辑了。我觉得这个是很有必要的，因为我们是学化学的，之前对投融资相关的事情真的是完全不了解。

课程生态为我的创业过程提供多方面支持

课程帮助我链接到了许多资源，比如创业导师、清华科技园、启迪之星，以及一些市场合作伙伴。尤其是启迪之星种子基金和水木清华校友基金不仅在我们创业初期进行了投资，也在后期服务及市场对接中给予了很多帮助支持。

我们2017年还没有注册公司时就入驻了清华科技园启迪之星启航基地。当时启航基地下面一进门有一面墙，每天张贴很多信息，每次我都非常认真地把所有的信息看一遍，这也是我创业获得信息的一个很重要的渠道。当时启迪是我们的孵化方，他们在推荐注册公司、财务外聘等方面帮我们找了很多，还有介绍投资人、场地租赁，以及帮助我们入驻清华x-lab等，在创业最早期最困难的那个时候给了我们支持。启迪有时候也会组织一些私董会或者是总经理的午餐会，让更多的创业者相互交流。2019年公司成立后，启迪的种子基金跟投了50万元，我们共拿到了540万元的种子轮投资，组建了20多人的团队，搭建了实验室。

启迪在全国许多地方有创新基地，他们也带我去过很多基地，包括东北的、山东的，等等，我跟启迪的很多老师最后都变成了朋友。我当时考虑过到宜宾去发展，启迪宜宾基地的总经理也给了我很多很好的建议，启迪新泰基地也帮我介绍过一个客户，一直到现在也是我们的客户，我说这应该给启迪付费用的。

我现在加了不少启迪的群，比如启迪CEO群，当时有一个经理是专门服务我们这些企业的，他也会建一些群，你有什么问题被投诉了，他帮你去解决。我印象很深刻，当时因为我们不懂广告法被举报了，启迪的老师全程帮我们解决这个问题，这段经历也是很难忘的。还有两个清华的创业群我也加入了，里面有很多现在看起来成长很快的创业公司，很多估值可能都已经过了100亿元了，这些也都给我带来信息的交流和启发。

创业很苦，但我乐在其中

创业过程其实有很多困难和挑战，但是我从来没有想过放弃。

很多时候是资金方面的困难。2020年的时候我刚结婚，在绍兴创业，我和爱人跟一对保安夫妻合租一小套房子；那个时候没有钱，工资也发得很少，基本上仅够生活的。其实心里很不平衡，我想自己也是博士后，怎么落得现在这个下场，而且还要从家里拿出来160万元去给一个合伙人买他的股权。那个时候心态上确实非常痛苦，也觉得很对不起家人。那时还要融资，当时不知道怎么找投资人，就每天去网上查。我给200多家投资机构写过邮件，没有一个给我回复，很绝望。我记得有一天下雪了，我发邮件发到很晚，天空的雪飘着，我在回家路上"哗"一下子就哭了，觉得真的太难了，怎么连个邮件都没人回我。不过这些现在再回头来看也算是对我们意志的一种磨炼。

身边的氛围也并不是很支持创业。我老家是山东的，父母也是希望我去高校或者考公务员，老家很多人就觉得像我这种创业就是瞎闹，肯定搞不成的。

但是可以很坦诚地讲，我还真没有想过放弃。就是明明知道自己也挣不了多少钱，或者是九死一生，但是我也要想办法去克服。可能我内心里面有这种信仰，就是真正想去追求这个事业，而不是追求背后的金钱、名利。我每天早上7点钟就到办公室，同事说："你天天7点多就到，工作到晚上还那么兴奋。"我说："还真的就是挺乐此不疲的，就是这种感觉，乐在其中。"

1805 氦舶科技黄翟：课程，为我带来思维的整体变化①

题记——黄翟（图8-14），北京人，清华大学生物医学工程学2010级本科，2014年攻读本院硕士学位，曾做过辅导员。2018年和材料系一位同学组成编号为1805的创业团队，参加"创办新企业"课程学习，在研究生最后一年（2018年）退学，全身心投入氦舶科技创立和运营。

氦舶科技（Hyperion Tech Co.,Ltd.），专注于原子及纳米贵金属材料研发，聚焦于高性能导电银浆（胶）、光学油墨及其他高性能电子浆料。电子浆料类似电子工业领域的油漆或涂料，是电

图8-14 氦舶科技创始人黄翟

---

① 本案例撰写执笔人：杨红梅。

子工业的血液，广泛应用于显示、通信、半导体，以及汽车电子、柔性线路等泛半导体领域，目前中高端领域基本被国外垄断。氪舶是这个细分领域中国成长最快的公司之一，自工厂投产后，每年销售额增长始终保持在2倍以上，并保持每年若干家头部客户量产工作，是进入华为供应链最年轻的公司，已经通过了苹果供应链测试。公司先后获得武岳峰、亦庄国投、硅谷天堂等多轮风险投资，目前已成为国内新材料领域技术实力雄厚、发展迅速的科技创新型企业之一。

以下为黄翟的访谈实录。

为什么想要创业，而且是退学创业

我喜欢做有挑战的事情，不断想要新的突破，而且一旦认定的事情，我就会全身心投入，所以我选择了退学创业。从理想层面来说，创业是为了让贵金属材料融入人类生活的每个角落，让企业成为全球贵金属材料领域的革新者与领军者；从现实层面来说，创业能创造巨大的财富，能让我拥有更多的选择和自由。

学生创业最大的优势和劣势

学生的优势是年轻，很好地保持着开放、持续学习的心态。我是生物医学工程系的，跨领域做材料，我大一到大三平均每年读100多本书。另外，清华校友注重"传承"，优秀的长辈愿意帮助年轻人，这让我们终身受益。学生创业的劣势是没有商业经验，对"金钱、利益"没概念。"大学生创业"看似美好，但创业就是生意，是很残酷的。学生创业可能不够重视商业利益，在遇到困难尤其面临重大商业决断时，可能会想不清楚，最后伤害到股东的利益。

为什么参加课程学习

研究生二年级，我和材料系的一位同学一起上"创办新企业"。那时我们已经注册了公司，但对商业、创业不了解，期望从课上学到商业概念，通过课程想明白我到底适不适合创业。

参加课程的收获

上课给我带来的变化，除了知识储备层面，更多的是思想层面。

一是深刻领会"商业，就是你必须先跳进海里"的含义。张帆老师上课讲"商业，就是你必须得先跳进海里"让我印象深刻。这一方面说明，创业不实践都是空谈，跳进海里，有些人可能不适合海水，就死在里面了，谁游上来了，谁就是企业家。另一方面也说明，创业需要坚持。只要一直折腾，最后企业就可能成功。另外，企业战略就如在海里往哪里游和怎么游。绝大多数人创业遇到的第一个问题就是诱惑太多，包括是否创业的诱惑，做哪个领域、哪个产品的诱惑。只有在你花了无数时间、金钱等代价的时候，才能意识到企业战略的重要性。如果课程提前用案例、通过学生容易理解的方式进行讲解，更好地让学生去体会，就能节省学生"栽坑"的成本。

二是课程开放的氛围，让我第一次跟老师有了私交，更好地知道如何跟人交朋友。课程教的知识很多都忘记了，因为所谓的商业技巧，不是本质，但张老师说的话，包括他到我们公司去走访，这种私人的交往，这种以个人为载体的互动，对我们的帮助是长期的。可能我跟梅萌老师在某个活动上碰见了，梅老师跟人介绍"这是小黄，这是我学生"。他能公开说我是他学生，这是很荣幸的一件事。梅老师做开班讲课，所有人都加梅老师的微信，课程就已经能满足绝大多数人需求了，因为企业家真正关注的是与人的交往。通过课程我与教师第一次有了私下的互动，这是任何其他课从来没有过的。学生和老师，我们还能以其他身份在一起。老师的主动，让原本性格封闭的我愿意去交朋友了，而且还会结交比自己优秀的朋友。就像给一滴水，鱼就可以游了。

三是更能体会到"管理"的价值。企业"一把手"最重要的事就是维系组织的良性运行，本质就是管理。创业一般会经历两个阶段：第一阶段叫"草莽创业"，你是我同学、是我朋友，咱们就一块打天下；经历了"草莽阶段"，一定要向行业、专业去跨越，这是一个巨大的改变。这要求我首先更好地尊重他人的价值，尊重小伙伴、团队成员、同事、老师。我们公司能走到今天，在于对很多岗位都很尊重，我们的研发负责人也深知市场等其他方面也很重要，大家缺一不可。其次，商业管理有更多实质利益要面对。学校辅导员群体应该是对人、人性或者组织有较深理解的一部分学生，这跟商业的部分逻辑是相通的，如找资源的能力等，但学生不涉及实质利益；商业会面对很多实质利益，如何解决问题，一定是更大的挑战。另外，学生考虑事情，更多从"个人"出发，做企业要更多从团队出发，如何去更好地服务团队，激发大家的主观能动性。

家庭和学校教育也为我提供了有益的支撑。要成为一个优秀的企业家，一是要有个人魅力，二是要有独立的判断，商业的本质是trade-off，就是放弃一些东西，获取一些东西。我的家族没有任何人创业，家里给我的帮助，就是尊重，让我成为独立的人。小学我就自己坐地铁，背着小书包，坐地铁二三十分钟去学校。我的父母可能偷偷地跟在车厢里看着我，也不让我知道。当然，我们能达到现在的成就，也跟学校教育分不开，清华给我们提供了非常好的资源，我也从"辅导员"这段经历受益。做清华辅导员很辛苦，但是培养了我结交好朋友、获得更多人帮助和信任的能力，这种能力的重要性在创业中是远远大于其他的存量资源的。

1822　氨酯汀兰周天宇：创业，就是认知不断加深和变化的过程[①]

　　题记——周天宇（图8-15），清华大学化学工程系硕士毕业，2018年以编号为1822的创业团队参加"创办新企业"课程学习，同年成立公司。

　　2017年，周天宇即将从清华大学化工系毕业，他研究了多个方向后发现，一种新型聚氨酯材料，很可能在农业领域创造极大的价值。他将此作为了自己事业的方向。

　　氨酯汀兰是一家农用化学品企业，在新材料及智慧农林领域应用上取得了重大技术创新突破。公司目前重点布局绿植领域，以新型种植基质"无土生长基"为核心技术，围绕该技术开发了全套种植技术和装配式绿化体系。

图 8-15　氨酯汀兰创始人周天宇

　　以下为周天宇的访谈实录。

---

① 本案例撰写执笔人：师文倩、王威、张冰。

创业缘起：智慧农业值得我花精力去奋斗

在我研究生快毕业的时候，根据农业行业和国家政策，综合一些实际应用判断，我认为智慧农业值得我去花精力奋斗。后来经过了解，我发现大家都在开发适合土壤的种子、种植方法和肥料，但大家很少去改变土壤。因为土壤本身的成本很低，但改变它很难，成本高。所以我们要找到一种拟土壤的物质，新型海绵材料具备这个潜质。

虽然这个产品是应用在农业领域，但找到模拟土壤的物质这件事需要化工领域的人来做，因为化工人会对这个更加敏感。我们会去想后面产业化过程中的成本结构是怎样，以及它能到一个什么样的极限，从而找到一个真正有价值的产业化的方向。

后来，在市场调研中我发现，很少有人真正去探究植物在什么介质里面长得好，去研究植物和土壤的微观结构作用关系，于是我决定自己创业。

创业后最大的变化：不断加深认知

从公司刚成立到现在，我最大的变化在于认知在不断加深。这个认知包括对行业的认识，对远期市场发展的一些判断等。举个例子，我现在是在以一个更商业化的方式去创业，去做这份事业，但在创业的初期我并不这样认为。另外从行业角度来说，我意识到这个产业会比我预期的链条长，而且中间的环节不确定的地方也很多。

在公司管理上也是，我认为做CEO这个角色还是蛮有挑战的。比如说内部管理，一开始我是陌生的，每个人都会向你汇报，而自己不可能什么都懂，但不管怎么样我总要去作出决策。我需要做很多信息的判断与验证，去分辨哪些是真实的，哪些被放大过。我逐渐觉得最重要的是把界限分清楚，并不断地增长自己的阅历。

公司发展：聚焦三大方向，扎实做好商业化

目前，氨酯汀兰的海绵基质主要应用于三个方向，分别是高品质民生菜、装配式绿化以及家庭园艺。2020年和2021年，我们建了两个基地，主要用于产品研发和推广。其中，在华东有一个比较大规模的生产基地，占地150亩；另外一个基地在华南，那边有一个业务部，专门用来做一体化推广。

在业务上，我们分了几个方向。在园林领域，主要向立体绿化、新鲜绿化方向发展。园艺市场规模目前在几十亿元左右，未来随着整体购买力的提高，这个市场会越来越大。

蔬菜领域，我们按照标准化、规模化生产，销售渠道有京东买菜等。植物是可以

分成类的，按照不同类别植物的特性，我们会把种植标准化，采用合适的材料，给予不同的营养去实现低成本的规模化种植。

目前，我们很确定的一件事是，要把商业化这部分给做扎实。

在"创办新企业"中的收获：让我对创业有了基本判断

这门课程是我的创业启蒙课，让我对创业形成了一个整体认知。不是说它教了多少高深的东西，但是它教会了我要对创业有一个基本判断。当时的我对创业的认知有了新的变化。例如，我还记得雷霖老师在课上，他教会我们要清楚自己是在以什么逻辑、什么立场、什么态度去做一些事情。他教会我如何去了解创业，并学会创业。课程中，这样的案例还有很多，在后面创业过程中，我还会想起一些课上的片段。

1902　玮航科技张磊、李也：课程让我们理解技术创业的逻辑①

题记——李也和张磊是玮航科技的两位创始人，2019年参加"创办新企业"课程，团队编号1902（见图8-16和图8-17）。

李也，清华大学车辆与运载学院本科、硕士。曾任清华大学车辆与运载学院学生组组长；第十七届清华大学研究生支教团成员；清华大学校男足队长；2018年获得清华大学"一二·九"辅导员奖；2019年获清华大学毕业生启航奖金奖、北京市优秀毕业生；入选中关村U30 2021年度优胜者榜单；入选中国科协2021年"科创中国"青年创业榜单、入选2022胡润U30中国创业先锋榜单。

张磊，清华大学汽车工程系本科、博士，航天航空学院博士后；清华大学（车辆与运载学院）飞行汽车动力研究中心主任助理；亚杰商会摇篮计划学员、南京市紫金山先锋计划人才获得者。从事飞行汽车电动涵道风扇流动机理及控制研究相关工作，建立了高负荷电动涵道风扇推进系统设计体系。

"做伟大天空的领航者"，这是玮航科技公司名称的由来，也是玮航科技奋斗方向的指引。公司以国际领先eVTOL分布式电动涵道风扇推进技术为基础，以科技创新让人们居住更安全、出行更高效为发展使命，致力于为城市空中交通与空间应用提供动力推进技术支撑，优先面向应急管理领域刚需痛点问题，打造安全应急与低空经济

---

① 本案例撰写执笔人：杨红梅。

两大战略性新兴产业交叉科技创新产品，全球首创涵道风扇高空系留主战灭火无人机系统，彻底解决高层建筑缺乏有效灭火主战装备的全球难题。

2022年6月22日，李也和张磊接受了编写组的线上采访。以下为李也和张磊的访谈实录。

图 8-16　玮航科技联合创始人李也　　　图 8-17　玮航科技联合创始人张磊

早期团队的组建

我们是在学校Info看到"创办新企业"课程选课信息的，当时团队报名课程的有6人，核心成员是张磊和我，还有两位课题组的师兄弟，外加工业设计方向1人，飞控方向1人。团队成员大多偏技术背景，整体上互补，目前张磊主要负责技术研发和产品开发，李也主要负责公司管理、市场开拓。

创业过程面临的主要难题

关键人才招聘。作为创业企业，无论是平台吸引力还是薪资待遇等都还不具备跟其他成熟平台竞争的实力，因此关键人才的招聘比较难。我们把可能的人才都"挖"了一遍，每一位都进行了深入沟通，使双方充分了解彼此的情况，尽量减少信息不对称带来的影响。

融资困难。目前，国内基金较多是政府出资，委托专业的机构来管理，政府做LP，负责提出行业、领域、阶段等要求，专业机构负责日常管理运作。这一类基金相对保守，大多偏中后期投资，要求低风险的投资回报，而对于硬科技创业企业来说初期来看风险都比较大，只有少数几个人民币国资基金偏早期。在债权融资方面，虽然国家出台了很多面向中小企业的支持政策，但从银行角度来讲，还是以稳健运营、风险控制为开展业务的主要原则，与科技型企业的"轻资产、高风险、高成长"特征不匹配，因此创业最初期的融资是举步维艰的。在科技企业投融资方面，美国、欧洲等做得都很超前，其风险银行对现有银行的金融功能进行创新和完善，充分发挥渠道支持作用，将银行贷款、风险投资、资本并购相结合，形成"投贷联动"的支持模式，极大地缓解科技型企业"融资难、融资贵"的问题，这对我们传统银行很有参考价值。

面对这些困难，我们创业企业更需要把找钱的逻辑、找人的逻辑想清楚。

课程带来的收获与改变

课程给我们带来最大的改变是使我们深入理解了创业的整体思路，特别是基于硬科技的技术创业逻辑。在一次交流活动中，高建老师对我们项目的点评让团队醍醐灌顶，促使我们更加认真地去分析场景和产品，努力推出有可能规模化、解决行业刚需痛点、具备显著社会及经济效益的创新产品。在课程中，张帏老师列了一个书单，我接触到了《有序创业24步法：创新型创业成功的方法论》这本书。我们按照这24步详细推演，其中的每一步都使我们受益匪浅。在课程后期阶段，课程组织我们跟投资机构对接，通过与机构的深入接触和交流，以及机构投委会对项目的反馈与建议，让我们对创业有了更深入、更全面的理解，也对我们理解产品和市场有很大的帮助。

课程内容跟我们所学工科有两个重要的结合点。第一，工科是以项目化的思维看事情，很多技术需求、场景需求等都由需求方提炼，我们只是去解答题目。而创业则需要自己去挖掘需求，或是针对不同场景寻求不同需求，或是已有需求的更深层次挖掘。一般说来，清华学生解答题目的能力很强，但"出题"能力还有待进一步提升。从这个角度来看，工科教育和商业教育可以很好地互补。尤其是实体创业和互联网创业不同，需要找到实际需求跟技术的结合点，而非全凭主观判断，课程让我们团队意识到一个很重要的关注点，就是要找到实际的需求。第二，学校研究生的学习，存在一个问题，即项目领域太专太聚焦，能够接触到的人主要以本专业为主，甚至是比本专业更小、更细的具体方向，"创办新企业"课程帮助我们认识更多不同行业的人，不仅有学校里不同学科的同学，还有社会上的企业、投资、孵化等机构，可以借此打开思路扩充见识，也可借此获取创业资源。

课程留下的深刻印象

一是高建老师讲创业趋势，当时我们也正在创业，课程中用一幅图介绍创业者应在什么时间切入，什么时间卡位，使我们深受启发，至今回想起来仍记忆犹新。我们的最终愿景是要做飞行汽车与城市立体交通，如何将载人出行跟公司挂钩，形成关联，让公众形成对公司的认知，需要我们提前去布局，在课程进行那段时期（2019年），国内基本没有公司选择这个赛道。二是雷霖老师讲如何做产品，课程中体系性、框架性地讲述了技术工程化、工程产品化、产品市场化等几个阶段，以及对应每个阶段出现的问题应如何解决。我们结合老师所讲内容对标我们在做的事情，思考哪些方面已经考虑到，哪些方面则欠缺考虑，从而在思维方式上形成商业逻辑体系。三是课程答辩时，高建老师对我们项目的评价为我们之后的创业之路带来了很大的改变。另外本次课程还邀请了一位工科项目的创业者为大家做介绍，他结合自身创业经历讲述产品的开发、开拓市场等，特别讲述了在开拓市场中需要考量的非技术因素以及曾遇到的"坑"，这个"坑"对工科创业项目来说一定是相通的，且跟技术领域的关联度并不大，因此极具价值及参考性。我们提前布局，终于迎来了低空经济的热潮，并在这股热潮中通过自身领先的技术积累和准确的产品定义找到了在低空经济大赛道中最有可能在近期实现规模商业化的刚需场景，这是课程带给我们的最大帮助。

课程生态

在修课期间和结课之后，该项目在启迪之星的帮助下，与中关村延庆园进行了良好的沟通与交流，并促使对方提供了良好的空域测试条件；另外，也因课程与清控银杏、清石资本等投资机构有了接触和沟通，在融资方面受到了启蒙。

1921　明扬动力樊明：创业比科研多了限制，但让我学到了更多[1]

题记——樊明（图8-18），清华大学电机工程与应用电子技术系博士。读博期间，与导师柴建云教授共同发明了电磁行星齿轮传动技术。该技术针对传统机械齿轮在高速区间运行时难以克服的摩擦发热、齿面点蚀、润滑难度高、金属疲劳断齿等痛点问题，依托清华大学电机系雄厚的技术积累，加之研发团队数年的深耕，首次

---

[1]　本案例撰写执笔人：师文倩。

提出与机械行星齿轮结构对偶的电磁行星齿轮（electro-magnetic planet gear，EMPG）结构，开发出同步型、异步型两种基本拓扑的EMPG。与传统齿轮基于机械应力的转矩形成机理不同，电磁行星齿轮的转矩基于电磁应力，即利用电磁感应原理实现了齿圈、行星架、太阳轮三个旋转部件间的非接触动力传递，这一创新技术使电磁行星齿轮从根本上消除了机械齿轮接触啮合导致的摩擦、润滑、金属疲劳等诸多痛点问题，并彻底摆脱了对润滑油的依赖。作为齿轮箱家族的新成员，电磁行星齿轮在风力发电、轨道交通、工业调速等可

图 8-18 明扬动力创始人樊明

靠性要求高、冲击转矩频繁、高速大转矩场合应用前景非常光明。

在2019年理论研究成熟之际，导师柴建云教授及团队成员一致认为优秀的技术只有经历市场的考验和磨砺才能更好地服务社会。樊明作为项目负责人参加了"创办新企业"课程，团队编号1921。课堂上诸位老师的精彩讲解和多位优秀校友企业家的经验分享极大地提升了他们对创业的认知，给予了他们极大的鼓励和信心。

为了更好地推进技术的产业化工作，樊明作为法人在2021年9月在江苏省昆山市注册成立明扬动力技术（昆山）有限公司，并获评当地创业领军人才。

以下为樊明的访谈实录。

创业项目源于博士课题

我的创业项目源于在清华电机系读博时的博士课题。某次在听清华汽车系关于齿轮传动技术讲座时，专家老师提到机械齿轮的齿间接触啮合会导致其在高速运行时，磨损严重、齿面点蚀、润滑难度高等问题，加之机械齿轮刚性啮合虽然能保证严格的速比，但在负载波动情况下容易造成齿根部金属疲劳，引发断齿故障。尤其行星齿轮结构相对复杂，啮合点和轴承数量较多，高速运行时，传统的浸油润滑方式会造成较高的搅油损耗，必须采用电控喷油润滑装置，在增加系统复杂性的同时降低了运行可靠性。

在与导师多次探讨中，我们认识到齿间接触是造成磨损的根源，而齿部的突出结

构和负载波动是引起应力不均、金属疲劳断齿的重要因素。然而齿部突出、接触啮合是机械齿轮的基本结构和传递动力的根本机理，无论是结构、材料等方面的优化都不能从根本上解决问题。

我们大胆地提出能否利用电磁感应实现扭矩的非接触传递，核心原理是利用旋转磁场抽象类比实际旋转的机械齿轮，将实际运动和旋转磁场结合起来形成行星运动。电磁传动和机械传动虽然具体形式完全不同，但在能量分配、速比关系、功率分流等多个方面具有高度的抽象一致性。在电磁行星齿轮课题研究中，我们多方借鉴参考机械齿轮的原理。这种抽象类比使得我们体会到交叉创新的乐趣，将单纯的技术发明上升到总结归纳抽象总体规律的高度，使该课题具有了较高的创新层次和理论研究价值。

在首款样机全面测试后，经过和导师和电机系多位老师的严格评判后，我们一致认为该技术在理论方面已经基本成熟。技术只有经历市场的磨砺才能成熟，也只有创造市场价值，才会有更多资源投入研发，实现不断的优化迭代。破茧而出的稚嫩创新技术要成长为参天大树，市场化是绕不过去的环节。纵观历史，无论是蒸汽机的发明推广、火车的普及、三相交流电的发明、PN结半导体的成功到Chatgpt人工智能技术，无一不是靠着市场的力量发展壮大并最终引领时代。

尽管当时大家创业意愿高涨，但我们对商业市场、融资、风投等概念都比较陌生。在完成博士开题报告后，我参加了清华大学团委"创+"学生创业路演并得到种子基金支持，这给予了我们巨大的鼓励和信心，更加坚定了我们的创业之路。

公司发展的探索与现状

创始团队都是同一实验室的同学，大家都是技术背景，在市场推广、商业运作方面比较缺乏经验，对于技术的产业化有一定的影响。我们非常期待欢迎具有市场、管理背景的优秀小伙伴加入我们。

在业务方面，初步完成了电磁行星齿轮相关技术的专利布局，并研发出了国内外首款30kW异步I型电磁行星齿轮实验样机，经过全面实验测试，实验结果与设计预期相符。截至2023年底，2kW超高速可调速比电磁行星齿轮（AEMPG-I）已经完成初版设计方案，预计于2024年完成样机加工和实验测试。

2022年，我们参加第四届"金风杯"能源创新挑战赛时提出不同于直驱、双馈两种主流技术的"基于电磁行星齿轮的变速恒频风力发电方案"新颖风力发电方案，其核心技术——电磁+机械复合齿轮箱，结合机械齿轮在中低速段转矩密度高和电磁行星齿轮在高速段效率高故障率低的特点，实现机械传动和电磁传动取长补短的有机组合，齿轮箱输出转速的提升缩小了发电机的体积，减轻了重量。同时，行星齿轮速比可调的特性，其变速输入恒速输出的功能可使发电机电流频率恒定实现直接并网。该技术方案得到多位专家学者的充分肯定并荣获一等奖。目前我们正与风电龙头企业保持积极沟通，并对具体方案细节进行深入分析探讨，推进该技术在风力发电中的早日落地应用。

在推动主营业务的同时，我们结合技术团队在电机本体设计、电磁仿真、高性能电控等技术背景，开展了部分电机电控的附属业务，在公司初创阶段取得了一定的现金流。

创业与科研的区别

创业后，我觉得学习的东西比在学校里学的要多很多，我深刻感受到客户和市场对技术和产品要求的苛刻，其中涉及的理论和技术细节远超我的博士论文范围。

高校的科研更突出技术自身的先进，这代表了学术层面的创新。然而仅仅技术层面的先进并不能保证市场的必然成功，技术产业化过程中，还需要考虑材料成本、加工工艺、产品可靠性、使用寿命、后期维护价格、商业推广营销、竞品分析、团队的管理运营等诸多因素。加上如此之多的约束后，与现有的竞品相比，新技术（产品）的综合优势有可能大打折扣。

对完全不同于传统的颠覆性创新技术市场化初期会遇到更多困难，正如哈佛大学克里斯坦森教授在《创新者的窘境》一书中所述的，创新者在产业化初期往往陷入多方质疑的尴尬境况中，原本前景光明的创新技术市场接受度偏低。我们目前也遇到类似问题，但我们一定会不忘初心，坚持向前。

"创办新企业"课程，涵盖了学生的创业思维和市场思维

创业的具体路线和方向很难复制，但学习创业中抽象的精神是有必要的，也是可习得的。"创办新企业"课程实际上传达的是一种创业意识形态，尤其是课程中的创业思维，以成本化的思想来考量技术的意识，对于理工科学生来说非常有用。学生在考虑技术创新性的同时，还要思考产业化的应用前景。尤其当前，国家产业升级需要更多理工科人才走向市场，这要求我们将市场思想融入专业课程中。我希望以后这样的课程能更多地告诉大家在技术创新时，同时兼具市场化思维。

"创办新企业"是我求学以来所有课程中最有收获和思想触动的课程之一。清华经管学院张帏、高建等老师在授课方式、知识点讲解、案例分析中都极其认真，并与学生积极互动探讨，商业案例分析老师不设定固定答案，不同角度不同的解读，极大拓宽了学习者的视野。每次课堂氛围都十分热烈，总能碰撞出创新的火花。

参加"创办新企业"课程后，我结识了来自五湖四海，不同专业背景但都心怀梦想的多位创业者伙伴，在艰苦的创业路上，大家彼此分享心得，彼此鼓励，这是人生中难得宝贵的财富。此外，课程在后续创业过程中为我们提供了很多资源支持。例如，在与启迪之星的对接下，我们与北京优解未来科技有限公司沟通后发现业务非常匹配，并完成签约，达成了长期合作关系。我们目前加工的超高速电磁行星齿轮样机的机械结构设计、动平衡仿真等技术就是委托他们完成。

学生创业的优点和缺点

学生创业的优点是充满激情和理想，这种"敢教日月换新天"的豪情虽然有时被认为是天高地厚，但对于创新创业实属难得。创业激情表现为全力付出，一切围绕把事情做成，遇到什么不会就学什么，需要什么资源就想办法解决，逢山开路遇水架桥，一往无前。

不足在于，技术出身的创业团队，普遍信奉技术至上，不够重视市场环节。比如初期我们给投资人和客户做介绍时和学术报告差不多，听众由于缺乏专业背景，往往不知我们所云，无形中制造了沟通壁垒障碍。再者就是缺乏团队管理经验，对于现代企业的运行，如融资、股权分配、内部矛盾调和等都需要详细深入的学习。

家庭对创业的影响

我父亲是改革开放后第一批大学生，毕业后从事无线电工程师工作。在20世纪90年代初期离开单位从事技术创业。父亲对我的成长影响巨大，他作为一名技术爱好者，打我记事起就总看见父亲操纵各种工具做这做那，我出于好奇也经常参与其中。我自幼就特别喜欢小制作，动手能力较强，做过矿石收音机、电动小汽车、电动船、黑火药甚至一度沉迷于各种永动机的实验中不能自拔。

父亲为我树立了精益求精的工匠作风，同时将"技术应该是实打实地解决问题、不能沦为浮于纸面空中楼阁"的思想刻进了我的心中。求学期间，父亲要求我必须学到真本领，不能把一纸毕业证作为终极目标。在后来的创业中我也是秉承这种理念，扎扎实实做客户接受、有市场竞争力的硬技术。我公司在寻找合作伙伴和面试求职者时，对学历资历并不看重，而是抛出一个具体问题，观察对方的解决问题能力、思维方式、学习潜力等。

父亲的创业后来遇到很多困境，这和他作为技术专家恃才傲物、性格固执有直接关系，这也是我们日后需要时时刻刻汲取的经验教训。父亲起伏跌宕的创业经历也让我深刻体会到创业没有终点，不存在静态意义上的所谓"成功"。这项事业一旦开启就永远在一条在充满未知的路上摸索前行，今天的成绩不代表明天的成功；同样，眼前的困难并不说明未来无望。创业团队的领导人必须具备将时间和空间拉长后从全局评判当前处境的能力，这对于做出正确的抉择至关重要。

我母亲和爱人都非常支持我的创业，我由于经常出差，对家庭和孩子的照顾较少，我母亲和爱人多年来对家庭的付出不曾有一丝怨言。她们在生活中给我无微不至的关怀，尤其在我遇到困难挫折时总是给予巨大的鼓励。

2010 优镓科技黄飞：3年创业，从"云端"到"落地"①

题记——黄飞（图8-19），清华大学信息科学技术学院博士毕业，此前分别于2015年、2018年获得清华大学电子工程系的学士和硕士学位，在校期间从事高效射频功率放大器电路和芯片研究等工作，并长期担任系辅导员。读博期间以编号为2010的创业团队参加"创办新企业"课程学习。

优镓科技是一家氮化镓射频前端芯片供应商，致力于自主研发面向新一代无线通信设备的氮化镓射频芯片。优镓科技于2019年和2020年分别完成来自英诺天使、图灵创投等机构的天使和Pre-A轮融资，2021年发布面向5G Massive MIMO系统应用的GaN PA模组，目前已形成包含功率管、MCM、功率放大器、模块等多款产品的开发并实现销售。

2023年初，创业进入第四个年头的黄飞博士提起2019年初创业时很感慨，"那时候目标定得太高了，但当时是不知道的"。现在，经历过业务方向的重大调整、市场的"教育"，他对公司有了新目标——"活着"。黄飞评价这三年的创业经历是从"云端"到"落地"，并且仍在"落地"的探索中。

---

① 本案例撰写执笔人：师文倩、珠铭睿。

以下为黄飞的访谈实录。

图 8-19　优镓科技联合创始人黄飞

受市场大环境影响，业务方向有重大调整

2019年10月28日，公司注册成立。很快天使轮投资完成，然后就爆发了新冠疫情。三年时间，公司的发展受到了很大影响。

2019年，我们筹备项目的时候，瞄准的是5G市场，主要面向5G通信宏基站、小基站和卫星通信等应用领域研发射频功放芯片。那时候5G势头正旺，国内也开始进行大规模建设。但5G的建设发展没到预期，这直接打乱了我们一开始的计划。

2021年底，我们做了一个复盘，觉得把市场方向只定位于普通民用领域风险很高，就转向了特种应用领域。我们整个团队都没有国外背景，包括技术、人员、投资资金都是国内的，且作为清华科技成果转化项目，我们的技术实力还是比较被认可的。

目前，我们的销售大部分都在特种应用领域，订单对技术要求高，但价格也高，能够支撑公司的进一步发展。但在5G和普通民用领域，我们的研发也没有完全停止，还在保持技术的迭代，等待时机到来。

学生创业，"我们对市场需求的了解还是太浅薄了"

刚创业的时候，有一个校友投资人很善意地提醒我说，"你们团队学生气太重了"，当时我还很不高兴。现在看来，学生接触的东西确实少，但最主要是认知方面，当时还是太年轻了。

我们是科技成果转化项目，技术实力有，但在市场方面特别缺乏经验，需要合适的人加入补足。公司成立后的第一年，我们发现所有的研发项目都挺失败的，后来回溯了一下原因，发现我们对市场的了解还是太浅薄了。

过去我们在学校实验室的时候，跟中兴、华为做的研发项目，不是所有的都会产业化落地。很多企业一年跟高校、研究所合作项目多达上百个，而最后实际量产非常少。所以我们对市场的了解还不够，研发的产品在商业上很难跑通。

我第一次去见客户的时候，他们采购总监问了我几个问题：可靠性测过吗？稳定性怎么样？品质怎么保证？供货周期是多久？几个问题给我问蒙了，因为不知道怎么回答，根本就没想过会有这种问题，当时内心里是没有答案的。

2021年初，我们尝试去找专门负责市场的人。找过一些外企的销售，但是外企的风格跟我们团队不好融合，外企的人觉得要按照合规的政策、正常的逻辑，公司销售应该怎么干，产品应该怎么干，但是创业公司是做不到的。

后来有个特别好的契机，就是跟王国样的接触。他在射频器件市场有20余年的销售经验，是我的导师陈文华的同门师兄弟，懂技术，更懂产业和市场。我们聊了几次，觉得比较合适：一是非常符合我们预期市场人的"画像"；二是大家认识时间长；三是他自己也创业过。所以他加入我们团队不仅补足了我们在市场的空缺，也补足了我们在创业认知上的一些不足。

年轻CEO的管理智慧

第一，我从不会把压力传递给同事。我们同事都说公司的紧迫感不够强。但其实，紧迫感都在我这里。我意识到需要有人跟我互补。后来我找到了一个，他是2020年8月入职的，带来了新的声音。他性格比较急躁，开管理会的时候，他会说一些我说不出来的话。

第二，年轻CEO要尊重有经验的前辈。我是1993年出生的，公司里同事以"80后"为主。我们的CMO王国样是"70后"，他跟我母亲年龄差不多。我很尊重他，哪些需要做的、做得不好的，我们就直接聊。他刚来的三个月就带着我天天去见客户，诚心诚意用带师弟的方式传授经验，没有任何隐藏。这个过程中，他也感觉到我虽然经验有欠缺，但是学东西很快。如果我一开始就是从狭隘的角度，认为他年纪大，认知有些过时了，可能这心态就不合适了。

第三，要找一些合适的时机与员工交流。我也经常跟我那两个师兄说，对于你的下级，既要平时活跃气氛、请客吃饭，也要认真严肃地坐在会议室，正式地跟他讲公司未来能给他什么。

家庭对我的创业有很多支持

我父母都是经商的，我是独生子，家庭对我创业都很支持。我现在结婚了，妻子（清华医学院在读）也很支持我。我的导师陈文华后来告诉我，他当时选择我一起创业，其中一个原因也是我家里父母的经济状况稍微好一点，不那么着急需要我去反哺。

创业中间有一段时间资金紧张，再过一个月工资就发不出来了，可能会需要我去贷款，当时妻子给了我支持，我们说好了该办授信就办。

"创办新企业"课程中的主要收获

我是明确了要去创业才去上课的。我是电子系的，在学校的时候主要是做技术研发，对于企业管理一无所知，上课的目的主要是了解企业的运作逻辑、扩大创业朋友圈。

组织架构、管理执行，这些知识是我当时马上就需要用到的，所以我课上听得很仔细，现在想来还有印象。上课期间，我经历了人生第一次招聘面试，非常紧张，幸亏课上学过一些相关知识，让这场面试很成功，被面试者成为优镓科技的第一位员工，现在他依然在公司就职。

扩大创业朋友圈、结识企业家朋友是很重要的。说实话我觉得认识校友很有必要，因为大家都有很多资源，清华校友之间的认可度是很强的。我跟创业圈的朋友经常联系，除了沟通一些公司日常运营的事情，也会保持周期性的聚会。这些朋友中，有一些是"创办新企业"课程中的同学。

2014 星测未来曹德志：拥抱挑战，打造高性能
星上计算平台①

题记——曹德志（图8-20），2012年凭借化学竞赛保送到清华工程物理系，曾任清华大学学生创协主席、工物系科协主席、清华大学学生辅导员。在担任清华学生创协主

---

① 本案例撰写执笔人：师文倩、珠铭睿。

席期间，曹德志组织同学研读业界时讯，关注中国和
世界产业的发展趋势。2018年曹德志作为主要负责人
参与承办第20届清华大学创业大赛，创业的种子就此
种在了曹德志的心中。2020年，博士在读期间，曹德
志带着创业项目参加"创办新企业"课程学习，团队
编号为2014，同年和师兄仓基荣创办"星测未来"，
公司以"卫星推动世界进步"为使命，以高性能星载
边缘计算能力为驱动，提供全流程的星上智能应用服
务解决方案。

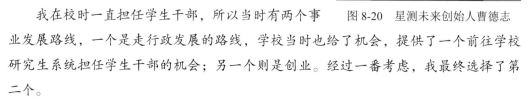

图8-20　星测未来创始人曹德志

以下为曹德志的访谈实录。

选择创业，选择主动迎接挑战

我在校时一直担任学生干部，所以当时有两个事
业发展路线，一个是走行政发展的路线，学校当时也给了机会，提供了一个前往学校
研究生系统担任学生干部的机会；另一个则是创业。经过一番考虑，我最终选择了第
二个。

2018年，我在清华的第一任导师创业去了，因此我在实验室自主学习了一年，这
件事让我意识到，始终要自己去做一些事情，即便是一心求稳定也是得不到稳定的，
应该主动去迎接挑战。所以我在担任校创协主席时，有机会去了解创业，感觉到它更
符合我主动去创造一些事情的想法。

我从小成长在时常需要独立处理生活的环境中，包括长期的学校寄宿等，这些成
长经历都让我很早就独立，明白人生的很多决定都得自己来。加上青春期的时候也读
了一些小说，塑造了我"并肩作战，讲究兄弟情义"的这种价值观，可能这些都对后
来选择创业有一定的影响。

在商业航天领域"战绩"亮眼，销售额逐年翻番

2019年4月，同实验室的师兄仓基荣即将毕业。师兄弟之间常常交流，偶然间谈
及未来的发展，我透露了创业的念头，仓基荣提出"卫星载荷"将拥有极大的商业前
景，两人一拍即合，创业方向就定在了被称作"小众蓝海"的商业航天领域。

商业航天领域门槛高，要求拥有足够的技术深度。我们团队第一代产品主要研发
针对微纳卫星和空间用的功能化载荷，起到在太空或行星表面提供采集数据的传感器

节点作用。如果将微纳卫星比作一艘船，功能化载荷就是置于其上的货物。太空对于人类来说，就像是一片黑暗的海洋，我们的载荷解决方案，便是为天文学家和行星勘探公司，在太空中提供一支手电筒和一双眼睛。第二代产品我们重点瞄准"卫星智能化"，给卫星及航天器装上智能化的大脑，有助于将卫星收到的数据快速处理。

2023年4月，正好是公司成立三周年。2020年，我们正式成立公司，主要在研发产品；2021年，星测系列的业务就已经开始销售，当年就实现了300万元的销售收入；2022年销售收入就翻了一番，达到600万元。我们初步在多个产品系列上实现了稳步发展。

这三年，疫情对我们这个行业的影响是可控的。因为疫情影响的主要是火箭发射延迟，但是这个行业本身就受很多因素影响，延迟是一个正常现象。对我们来说，疫情带来的困难更多的是能否按期、按点交付产品，幸运的是我们和客户的预期是一致的，都知道有延迟这件事情，所以整体上疫情的影响是可接受的。

市场策略：源于高校，依托高校

在产品应用方面的探索上，清华大学的"天格计划"给了我们最早的灵感。"天格计划"是由清华大学发起的学生科研项目，利用伽马射线探测器在太空中开展伽马射线暴探测的星座组网计划，我们因此也受到启发，开始了研制新型太空科学载荷的创业之旅。

同时，我们很快注意到如果利用边缘端的处理能力，将卫星收到的数据快速处理并完成在轨触发工作，就可以为地面的望远镜后随观测提供预报，从而为天文观测带来大幅度的时效性提升。所以我们新一代产品的研发就此展开，包括我们独立研发的星上数据采集产品、星上智能处理产品，也给其他高校的老师、卫星公司提供了一些支持，如南京大学、四川大学，于是星测未来这块业务就延伸到了其他的高校、科研院所和整个航天产业链的领域。我们也相应做了一些推广，让大家逐步了解了星测未来的产品和业务线。

2021年，大家对于行业整体发展的预期是相对比较低的，但我们后来通过成功的发射给了客户信心，谈成了几个重要的订单。

在市场开拓的过程中，我们的经验是，找客户尽可能通过熟人推荐，例如清华校友；通过技术上能实现的，就少在人际关系方面去使劲。

我和仓基荣师兄在市场和产品方面形成了多种配合，比如我负责商务方面的对接，仓师兄主要判断项目本身的成熟程度，客户提的一些技术需求到底是明确的、清晰的、有指标的，还是说模糊的、不确定的、自己也没想好的。然后，我们会综合商务和技术的角度，明确哪些项目值得我们多花精力跟进，哪些还需要客户需求更成熟一些后再跟进。

企业管理：目标导向

如何进行企业管理，对我们来说是一个逐步成长的过程，我自己经历了三个阶段：

第一个阶段，做事情凭经验、凭感觉。

第二个阶段，从书本里学习以及跟师兄师姐聊，从别处提炼出管理方法。

第三个阶段，从书本当中提炼完以后，再加以实践，自己去迭代，摸索到了一些方法和应用场景。

我在学校当辅导员的时候，和同学的沟通更多的是围绕着解决他们自己能说出来的问题，同学之间信任程度高，所以很多问题愿意聊、愿意说。

创业后，在公司里大家的信任更多的还是依靠契约关系。这样会遇到一些新的挑战，例如可能有些话有的员工不愿意直接说出来，所以沟通成本会上升，协作难度相对大了。

公司的组织管理模式需要大家把做事情放在第一位，因为组织行为、组织意志不能轻易受到个人的变化或情绪影响；也要求管理者要目标导向，少讲情面，多去执行。因为产业研发和业务交付是有任务节点的，这就需要大家往前看、往前走，做不成的话就会影响到公司的发展。

第九章 迈向课程发展的新阶段

　　"创办新企业"课程已经走过了14年的历程。从清华研究生选修课到"中关村梦想课堂",从清华园走向祖国大江南北甚至国际的更多高校。14年来,六位课程老师、20位嘉宾老师和十余位助教组成的教学团队,不仅为学生提供有关创业的理论知识和过往案例,更鼓励学生知行合一,敢于开展真实创业,点燃一团火;更广泛链接和调动孵化、投资、产业等多种社会资源,助一把力。14年来,289个团队、约800名学生,他们带着梦想的种子在这里获取阳光雨露,思考、探索、生长、拼搏。据不完全统计,至少有55个团队获得投资,累计融资金额超过50亿元,培养出了一批优秀创业者,涌现出多家行业翘楚、领军科创企业。

　　"创业就是要跳进海里""做一个有韧劲的人,一个有趣的人""创业一定是有规律的,我们认识清楚这种规律,就对创业有帮助""从投资人的视角来看待自己的创业项目""能认识各位老师,跟老师建立联系就是收获"……在对学生创业团队代表访谈过程中,他们对"创办新企业"课程、对老师的一些点拨记忆犹新。

　　在这14年间,经历了2011—2018年的以移动互联网、商业模式为主的创业,到2018年之后的硬科技和AI创业为主导,受国家创新驱动发展战略和清华大学推动科技成果转化的号召,越来越多的学生结合自己的专业优势,致力于将所学、所研究成果转化为现实生产力,同学团队创业、师兄弟创业、师生共创成为大学教师和学生开展创业的主要模式。党的二十大报告指出,坚持面向世界科技前沿、面向经济主战场、面向国家重大需求、面向人民生命健康,加快实现高水平科技自立自强。不仅要集聚力量进行原创性引领性科技攻关,还要加强产学研深度融合,强化目标导向,提高科技成果转化和产业化水平。清华大学是我国原始创新的重要策源地,师生创办新企业是推动科技成果转化为现实生产力的重要途径。"创办新企业"课程通过产教融合和学科交叉,将创业教育与科创实践有机结合,开辟了科创新模式,同时实现了创业型人才培养和高水平的科技创新创业。

未来，"创办新企业"课程将继续深入践行清华大学价值塑造、能力培养、知识传授"三位一体"的教育理念和育人模式，立足14年积淀，传承创新，登高望远，以真实创业为载体，激发和培养学生创新精神，在推动科技成果转化、助力国家实现高水平科技自立自强方面做出更多努力和探索。

坚守育人初心，点燃创新热情

坚守育人初心，润物无声。坚守立德树人的育人初心、育人兴国的创业教育本质，坚守课程素质教育定位，以真实创业为依托，致力于培养未来的企业家，为有创业机会和创业能力的同学提供孵化机会，让同学们在创业导师和课程基金的支持下，创办和发展新企业，追逐创业梦想。同时，坚守以"创业"方式办课程的模式，授课方式和模式注重"身教"，润物无声。

点燃创新热情，助力追梦。正如课程创办时老师们的设想——不是"灌满一桶水"，而是"点燃一团火"。将学生的创新精神培养放在首位，注重培养学生的创新创业志趣，激发学生的创新潜能，体验创业的乐趣和挑战，让他们在创业的道路上，甚至人生之路上更加坚定和自信。

厚植课程生态孕育更多成长可能

清华大学"创办新企业"课程已经搭建起一个充满活力的课程生态，并在不断地探索与实践中持续优化提升，孕育出更多成长可能。

强化横向多元化创新资源整合能力。广泛链接国内外高校院所、大中小企业、政府、新型研发机构、金融机构和各类服务/中介平台/机构等多元创新主体，通过举办多样化的创新创业活动，依托启迪之星全球创新孵化网络资源，助力课程项目团队扩大"朋友圈"，帮助项目团队同政府、产业、资本、高校等各类创新创业资源实现"无缝对接"，帮助更多发展潜力大、成长前景好的创业企业加速成长。

提升纵向专业化深度赋能服务能力。聚焦垂直专业细分，协同清华大学各院系、启迪之星等专业孵化器探索超前孵化新模式，将孵化服务向前端延伸扩展，推动课程项目孵化与清华大学科技成果转化紧密结合，为不同发展阶段的创业企业和团队提供全过程、针对性的专业化孵化服务，助推课程项目深度融入行业领域"产业链"，逐步实现从团队孵化到企业孵化再到产业孵化，推动优质课程项目从"创办新企业"课程"毕业",走得更远、更久。

深度融入国内国际创新创业网络，助力更多学生创业者

2021年，清华大学为以更高的标准提升国际交流合作层次，更好地服务国家战略，制定实施《清华大学2030全球战略》，构建起全方位、多层次、主动作为的国际合作交流新格局。"创办新企业"课程将积极服务国家"一带一路"倡议，进一步深度融入清华大学全球战略，加强国内国际合作，输出"清华创业教育模式"，为国内外更多学生创业者提供助力。

加大课程的"引进来"。借助清华x-lab、清华大学东南亚中心、清华大学全球创新学院、清华大学全球胜任力中心等机构，引入国外的创业成功案例和经验，或与国外知名学府合作，加强国外师资力量引入，开展交换学生项目，培养学生的国际化视野和跨文化交流能力。

推动课程的"走出去"。依托清华大学全球战略的海内外布局，充分利用清华科技园和启迪之星全球创新网络，将梦想课堂推广到国内更多地方。同时加强打造梦想课堂国际版，将课程模式通过多种方式输出到东南亚、非洲等"一带一路"共建国家，通过清华大学创新创业教育培养全球更多创新创业者。

参考文献

[1] 杨斌. 创业教育的本质是育人兴国[N]. 人民日报，2015-05-05.

[2] 张帏，姜彦福. 创业管理学[M]. 2版. 北京：清华大学出版社，2018.

[3] 张帏，郭鲁伟. 从硅谷的产业发展看创新与创业精神集成的重要性[J]. 中国软科学，2003，（9）：102-106.

[4] 埃德蒙·菲尔普斯，莱彻·博吉洛夫，云天德，吉尔维·索伊加. 活力[M]. 北京：中信出版集团，2021：137-141.

[5] 杨冬. 大学创新创业教育课程建设的元假设、内在逻辑与系统方略[J]. 当代教育论坛，2022，（4）：71-82.

[6] 尹向毅. 创业是否可教——基于教育学视角的分析[J]. 高等教育研究，2017，（5）.

[7] 彼得·德鲁克.管理：使命、责任、实践（使命篇）[M]. 北京：机械工业出版社，2019.

[8] 工信部. 2022年平均每天新设企业2.38万户，中小微企业数量已超5200万户[E/OL]. https://baijiahao.baidu.com/s?id=1759154538891888102&wfr=spider&for=pc.

[9] 霍华德·R.鲍恩. 商人的社会责任[M]. 肖红军，王晓光，周国银，译. 北京：经济管理出版社，2015：87-101.

[10] Carroll A B. Corporate social responsibility evolution of a definitional construct Business and Society, 1999, 38（3）：268-295.

[11] 肖红军，阳镇，凌鸿程. "鞭长莫及"还是"遥相呼应"：监管距离与企业社会责任［J］. 财贸经济，2021（10）：116-131.

[12] 朱庆伟，殷格非. 企业社会责任的含义和历史背景[J]. WTO经济导刊，2004，（11）：90-91.

[13] 张佳康. ESG投资评估体系的启示[J]. 中国金融，2019，（4）：74-75.

[14] 高子轩．浅析A股上市公司的MSCI ESG评级[OL]．https://www.crhcc.com/esgjm/2023/9/dc6fa693f25f41e2b10303d9d74c426a.htm.

[15] 第一财经研究院．2022中国企业社会责任研究报告：内生的力量[OL]. https://baijiahao.baidu.com/s?id=1753455361939731497&wfr=spider&for=pc.

[16] 阳镇，陈劲．迈向共同富裕企业社会责任的底层逻辑与创新方向[J]．清华管理评论，2022，（1-2）：68-76.

[17] 王水嫩，胡珊珊，钱小军．战略性企业社会责任研究前沿探析与未来展望[J]．外国经济与管理，2011，33（11）：57-64.

[18] 鲍晓娜，张舒畅，林琳.基于利益相关者视角的战略性企业社会责任践行路径研究[J]．学习与探索，2022，（10）：129-137.

[19] 邱勇.奋力开拓中国特色世界一流大学高质量发展新局面[J]．求是，2023，（12）.

[20] 赵婀娜．水木湛清华，奋进新征程[N]. 人民日报，2022-10-07， https://baijiahao.baidu.com/s?id=1745975196185166120&wfr=spider&for=pc.

[21] Seligman M. E., Csikszentmihalyi M. Positive psychology: An introduction[J]. American Psychologist, 2000, 55（1）：5-14.

[22] 马丁·塞里格曼.真实的幸福[M]．洪兰，译.沈阳：万卷出版公司，2010.

[23] Grant A. Give and take: A revolutionary approach to success[M]. Penguin Books, 2013.

[24] Ryan R M, Deci E L. Self-determination theory and the facilitation of intrinsic motivation, social development, and well-being[J]. American Psychologist, 2000, 55（1）：68.

[25] 赵昱鲲．致创业者：答案就在你的那把铁斧头里[J]．水木清华，2016，（1/2）：56-61.

[26] Amabile T M, Barsade S G, Mueller J S, Staw B M. Affect and creativity at work[J]. Administrative Science Quarterly, 2005, 50（3），367-403.

[27] Fredrickson B L. What good are positive emotions?[J] Review of General Psychology, 1998, 2（3），300-319.

[28] Peng K P. Building resilience: A review of psychological resilience literature and implications for HRD[J]. Advances in Developing Human Resources, 2020, 22（4），497-516.

[29] Duckworth A L, Peterson C, Matthews M D, Kelly D R. Grit: Perseverance and passion for long-term goals[J]. Journal of Personality and Social Psychology, 2014, 108（3）, 369-383.

[30] Csikszentmihalyi M. The psychology of optimal experience[J]. American Scientist, 1975, 63（3）, 306-313.

附录

2011—2024年课程学生名单[①]

（按团队编号排列）

2011年

1101张晓帆　1102申磊　1103郝悦晨、陈旸　1104黄肖山　1105武曹刚、闵蕾
1106宋长友　1107穆杨　1108孙鹏　1109张思培、高彦如、张翔　1110刘坤

2012年

1201李峥、聂冰冰、张帆、张晓菲、陈莹、姜昌浩、王瑶　1202李宁、侯惜录、
张小金　1203魏恒、孙锦、段后利、邵金华　1204申磊、翁晓奇、陈文、姜博文、
杨文韬、李一芃　1205刘彤洲、袁晔、陈春莹　1206钟宏、毛炜、朱颖、龚晓明、
周钜、肖彬、戴同德、杨承陆　1207胡宇东、曹强　1208叶松鹤、石子晶、高修淼、
韩学志　1209马闯、杨锦荣　1210谭佳佳、林志刚、王熠、张志远　1211王彬、
林嘉、赵勇、陈蒙、刘丽　1212郭凤翔、郭凤钧、戴维阳、贾琳　1213李欣喜、
张睿、夏庐生　1214鲍臻　1215邱学忠、周培　1216范晨、郑海潮、李瑞瑞、
李冬　1217林嘉、李成伟、徐大政　1218李江平、陈黎、陈立叶

2013年

1301邓少超　1302宋思超、穆轩、余力　1303苏晓东　1304王民　1305林伟翔

---

① 名单包括在清华大学研究生院正式选课的同学，也包括团队中的其他核心成员（他们有的是未正式选课的当年毕业班同学，有的是已毕业的清华年轻校友，有的是清华教授；另外还有一些周边高校的在校学生或校友。）

1306吴娜、赵越、刘天歌　1307陈炬、王文贝、程昊、陈栋、吴巨　1308王凯伦、汪世单　1309王鹤达、孙磊、侯宗宝、宋英翠　1310赵宏伟、成一诺、王博、吉恩才　1311黄瑞、袁炜、郭凤翔、徐静丹　1312李媛媛、李明强、侯进科　1313吴军、潘迪生、张祖亮　1314张瑞明、孙硕　1315佘启光、孔婧贤、崔明、郑鹏飞　1316韩钰晋　1317佘启光、孔婧贤、崔明、郑鹏飞　1318李强、唐帆、王凯伦、戚芳芳　1319鄢尚宽、汪悦　1320蒋思哲、张烨、冯宇辰　1321张妩伊、王玥然、卢志远、段勇倩　1322俞浩、徐阳、雷鸣、熊威明、杜毅、卢星屹、王凡　1323张博、赵鑫　1324薛云志、曾令波、叶梦

2014年

1401赵英川　1402林涛、王利峰、万镇昀、白帆、张斯尧　1403王世栋、张建　1404陈凌云　1405傅一歌、孙搏谦、万宇　1406韦智芳　1407程曦、易晓春、常丰祺　1408王婷婷、黄慧雅　1409李欣磊　1410陈柱子、马晨光　1411杨韵蒙　1412王璇、郝小龙　1413金光、李沐华、刘思平、胡晓、游羽瑄　1414高南荣、李迎代、钟哲晗　1415郑天佑、梁维德、熊姿　1416邵睿　1417王钦　1418孙广东　1419李燕宁　1420赵龙　1421王鸣晓、冯子妍、林晶青

2015年

1501何霆、齐菲菲、鲁薪安　1502许浩、杨玉婷、杨雅坤、王峥、张健儒　1503张昭、周为、汪坚、侯英梁、韩三普　1504方慧君、吕诗旸、李秀坤、徐亮　1505姚国友、高延继、王屹松　1506馬智輝、蔡勢、曹慶、邱晔　1507赵天初、赵赟、周来、路立桥、钟哲晗、韩巍、王啸哲　1508于洋、吴威　1509胡也畅、肖庆阳、肖楠　1510徐浩原、钟海华、刘稚亚　1511吴玮坪、司惠楠、贾英浩、陈云天、马晓霖　1512黄一铭、陈泽、方圆、王一帆、吕新闻　1513陈晨、林睿、徐雨辰、聂明明、方慧君　1514吴璞、黄耀、徐堂浩、王钰　1515李腾、赵泓宇、陈国强、Gleb Zilberstein　1516董念念、金朵、李国军、于园园　1517林伟翔　1518刘一鸣

2016年

1601龚华超　1602柯罗马、张磊　1603范国强　1604文高原、闵婧、任一林、

罗盘、于博成、张耀文、黄超锋　1605肖奕博、侯小东、谭晓丹、汤双喜、谢传高
1606陈晃、高书宁、刘煜堃、王吉磊　1607徐培迪　1608陈泽、年洁、崔文宏
1609金方怡、王岩、张宗杰　1610杨振贤、杨美清、初雪峰、焦茜、张舒、曾子競
1611张易天　1612姜鼎　1613欧阳健美、周博　1614罗政、骆训赋、李平　1615李建军、
王春璐、于怀博　1616阎志鹏、龙江游、沈浩、肖鹏飞　1617田培根、杨波、袁小虎
1618温亚玲、林劢、雷志刚　1619李申　1620张健、黄绮萍　1621林海　1622苏琳琳、
刘晓媛、田洋　1623庞海天、武辉　1624户孝围、马思思、刘广银、王天成
1625王娇、鲁瑜、屈星池　1626张鸿、姚颂　1627何烨炜、张宇寰、隋鑫、李刚、
李骁琛　1628孙同立、王建平、赵宇、巨龙　1629刘遐、蔡宗智、李玉杰、杨晓彤、
李余、熊豪、文贻军、赵姝迪

2017年

1701熊杰、樊根根　1702赖国强、杨迪、李玲芳、雷克华　1703刘智勇、曹雪
1704董亮　1705李毅彬、王格润、沈宏萧、廖一桥　1706何润　1707李祖希、
许华旸、吴帆、马立军、张琦　1708孙剑武、李军配、李凌霄　1709武彬　1710王洪武、
严雨、卓柏呈、潘菁、宋琨、杨宇轩　1711潘传瑜、杨展麟　1712吴季龙
1713张琪、李春园　1714卢一倩　1715冯晓露、戴柠薇、邓剑、郭熹、陈云领、薛雅芳
1716任续超、罗伟、吴越、杜文嘉、车君怡、孙凯文　1717孟庆飞、康宇、周涛、
杨亮、郭丽　1718张海红、白渊斌　1719黄洲、李莎　1720梁言领、杨飞、张鑫、
王竞、杜磊星、马宇辉、王振宇

2018年

1801陈玥晗、张笑醒、龚晓婧、高杨　1802丁珂　1803杜顿康、陈华榕
1804黄瑜清、肖云、王雯、赵明明、钟钰、王琳、欧阳骥、林麟　1805黄翟、郎嘉良
1806李洋、谢洋旸、李豪楠、辜君龙、李京泽、原洋、钟志伟　1807李智超、沈佳
1808李卓　1809林嘉、吴琪、叶树雄、李永全、周煜瑶　1810刘亮、王格平、李晓晴
1811吕庆辉、龚子路　1812陈涛、吕子旸、胥云辉、李凡简、安子豪　1813胡桐、
孙诗皓　1814吴雪芹、国颖、杨文国　1815吴洋洋　1816杨镇铭、华霄桐　1817余凯
1818张淼、姜永航、密森　1819张书　1820张文博、安宁、贺文君、刘洋　1821钟志伟、

王哲、张阳阳　1822周天宇、陈乔岭

2019年

1901闫拴、苏哲、张艳、张双林、李颖婷、吴小坤　1902李也、张磊、马小山、周大围、杨景全、金宇智　1903王天放　1904纪俊杰、刘芳溪　1905兰宇轩　1906陈冰晶　1907光天磊、聂幼　1908李泽晖、蒋光亚　1909孙卓异　1910陈晋砾、叶俊　1911沈国晔、吴英志　1912王郁　1913梦龙　1914曹绪尧、江荣灿　1915徐艳艳、王荔妍　1916秦宇迪、邹远棘、孟令盛　1917李明旺、刘琳琳　1918钟志伟　1919吴其红、李潇　1920卞一之、尚维、董伯许、刁均峰　1921樊明　1922宋琨　1923宣程

2020年

2001周圣钧　2002崔亚峰、白杨、孟凡洋、黄河丹　2003李俊　2004王权、王东　2005高奕　2006田子耕　2007冯坚峻、赖湘杰　2008郭择良、张毅、谷子青　2009夏圣斌　2010黄飞　2011何茜　2012李牧原、李海鑫、韩培铭、李鹏展　2013林腾宇　2014曹德志、王云飞　2015陈翔宇、肖易佳　2016马浩

2021年

2101向仲宇、张页、张瑞麟　2102蒋小琴、刘扬　2103新出歌名子　2104王美锜、潘林　2105王冲、李振、桑伟、祁芷桦　2106陈欢、秦宇迪、魏一凡、刘寒玉、卢宇芳、韩美琳、汪子奇　2107李芋莹、薛海明　2108张娅姮、王卓、刘志强、梁宏军　2109何欣冉、张庭梁　2110杨浩波、袁波、张旭、王亚飞、杨孝思、张江淼、李乔　2111董汉、徐旭东、任赞、韩美琳、林立、郑婕　2112梁宏军、钟鸣锋、李普宁、周骁　2113童培熙、韩兆宇、纪博文　2114刘超、郜酾棋　2115邵伟珂、张页、张莉均、孙旭鹏　2116吴爽、耿强、李克宇、赵丹阳　2117史海天、刘勇成、汪庭云、李诗慧、刘吟、危琨　2118王雨蒙、申立仁、黄秋杰、黄尉岚、张开元　2119闫龙涛、钟少文

2022年

2201关辽、李沁书、肖艳　2202吴才垡、胡丙萌、曲绍航、张鑫、朱睿之　2203高希、张文君、苏蕾　2204李治华、宋凯效、陈培圣　2205蒋佳丽、王冠雄

2206陈光、尹璐、唐硕琨、宋亚楷　2207刘晓倩、赵治竣、吴孟涵、张开元
2208王艳龙、周美琴、管文岑、宋锐、刘金瑞　2209许治平　2210唐锐猊
2211陈彦廷、蒋攀、张子良、梁成思、唐誉瑛　2212周峥、杨世鑫、顾翀翔、董刚、
李冬　2213王新璐、刁成昊、潘传宇、谢昕雨　2214陈孚、左佳鹭、郭琦、张一鸣
2215李琨、王涛、王平　2216张炜、高杨、苏放、张韡　2217张珍岚、赵辰、何晟昉
2218周咏秋、孙志鹏、钟春汇　2219张天津、王冠　2220陈孝慈、黄宁馨、何烨谦、
杨悦航　2221高明亮、库旭东、郝宇飞、宋文俊　2222王云飞、李惠乾、张少杰、
骆阳、蒋攀　2223张卫刚、宋纪鑫、王妍妍、肖楠　2224杜宇晖、王夫麟、黄轩宇
2225赵文定、梅全鑫

2023年

2301许教林　2302李庆伟、王硕、大卫明、孔倩敏　2303付宗亮、曹子澜、
张士林　2304王霞、郑乔之　2305魏哲宇　2306罗训训　2307 陈娱　2308程颐、石瑜恺
2309廉松林、王文龙　2310饶淙元　2311丁佳、蒲瑜、薛婧　2312周正中　2313陈荣钊、
袁诗怡、张后斌　2314房昱安、王超、谭溟雯　2315万瑞齐、伍冠宇

2024年

2401季宇琪　2402刘辰　2403王葵　2404林彦熹、刘奕然　2405廖洋、张文俊、
赵南岚　2406符奋　2407王城昊、孙睿思、俞阳阳　2408王顺、张锟、张心雨、李萍萍
2409赵婉珺、唐李锴、王晓彬　2410吴国伟、方坤　2411温和瑒　2412董毓文、
朱晓旭　2413蒋昊峻　2414王政、史政　2415张昆、姚子琦、闵程程、王雯、王晓爽
2416陈孟阳、潘玥　2417王华东、刘之航　2418庄诺亚、王照清、蒋旭玲、陈志栋
2419孙婉莹　2420蔡鹏、董潇、张荣、李建永　2421罗海峰　2422张秉桢、马牧原、
宋迪、何显时　2423常京梦　2424周小彬、孙培林　2425蒋攀　2426包毅涵
2427马兴科、唐成杰、冯乐　2428张雨馨、洪坤、樊薇薇　2429高汇成、
艾力亚尔·艾合麦提、涂锦瀛、王健、曲直、郭姿廷

后 记

这是一门承载着教师们十多年辛勤心血的课程，也是一本记载清华学子逐梦创业印记的书稿。

时光飞逝，我们回想起课程教师组在2010年第一次筹备开设"创办新企业"课程的时候，大家畅所欲言，积极建言献策。时任启迪控股董事长的梅萌老师充满豪情地提出，我们要以创业的方式来开设这门清华大学研究生创业课程，把它建设成为一门在全球范围内具有鲜明特色并富有成效的创业课程。14年过去了，在大家的共同努力和各方的支持下，这个梦想逐渐变成了现实。

我们的课程根植于清华大学很好的创新创业教育传统，并在此基础上进行了创业人才培养的许多创新探索。课程由清华经管学院和清华科技园联合开设，课程教师团队从一开始就重视产教融合。在每次开课之前，教师团队要在全校范围内对创业项目团队进行两轮选拔，入选课程的同学们以团队方式并基于其创业项目来参与课程学习，因此，课程非常重视团队学习和知行合一。我们深知创业维艰，因此，我们一开始就想方设法创造条件和创新模式，为选课同学和项目团队提供生态赋能，并且这种赋能并不会因为同学们完成课程学习而结束，而是持续赋能。

我们的努力产生了非常积极的效果，课程培养和涌现出了一批优秀的创业者，其中不乏科技创业的领军人才。我们在创业实践教育方面的探索深入践行了清华大学价值塑造、能力培养、知识传授"三位一体"的教育理念和育人模式，并且丰富了其在创新创业人才培养方面的内涵和外延。

本书历经两年多的打磨，最终成稿。两年时光，从课程缘起到体系构建，从老师教学到师生共创，从方法论到创业观，从总结到展望，我们尽可能地去还原和总结这14年的点点滴滴。

在本书的最后，我们希望把本书编创的故事、一些感想、一些感恩分享给读者。

书稿编创之路

2022年4月6日上午10:30，在课程主创老师的组织下，集结"创办新企业"课程教师团队、助教团队、启迪之星支持团队，在清华幸福科技实验室展开第一次会议讨论，正式成立编写组，线上、线下、国内、国外共19人。大家对本书的编写目的、目标读者、撰写主要内容、编写计划等主要问题进行热烈的讨论并达成共识。在梳理中，我们发现课程的体系丰富，仅调研访谈、资料梳理等工作就需要将近一年，其中包括邀请历年来的所有选课团队、参与过课程的老师问卷调研、线下访谈等。

编写组向前12年课程的245个团队共710名课程校友发放了调研问卷。问卷调研开展不是一件容易的事情。首先，问卷的设计。对于可能十余年未联系过的课程校友，对他们的创业、事业进展有太多好奇，问卷初稿整合了近百道题。而一份好的问卷，题不能太多，也不能太少，得有逻辑性、不能重复。因此，经过多轮研讨后，调研组又开始以预调研的方式打磨问卷，挨个询问每位出题者的想法，综合考虑保留、删除或修改，先后经历了不下5次反复修改，最后由张帏和王荔妍定稿。其次，问卷的发放。这个辛苦的联络工作主要由高玉霞、刘薇承担，她们根据选课学生信息库挨个联络，最终回收问卷310份。这应该是一个很好的结果。

杨红梅、李志慧主持展开对所有任课老师的访谈。主创老师们大都接受了不止一次的访谈，大家回忆着课程的缘起，回想着课堂与课后与学生的互动，探讨着对本书的撰写建议……原本预计2小时的访谈时间总是不够，老师们谈论起这些似乎又迸发出在课堂上那般热情和耐心。

对课程校友的访谈起初是在新冠疫情期间，形式多为线上，大家虽隔着屏幕但难掩久别重逢的兴奋，师生常常谈到兴奋之处就忘了按照访谈提纲的流程来进行。随着疫情结束，大家开始约见线下会面，有些创业者一坐下就滔滔不绝数个小时，访谈组常常不忍打断，就像生怕按下了一场精彩电影的暂停键。再后来，老师们提出，有些课程校友创业成功了，那我们应该组团去他们的公司看看，因此大部队浩浩荡荡地走进了课程校友的创业公司，看到了当初一份纸质的创业计划书如今已成了一栋大楼、数个奖杯、几十台机器、数百名员工……访谈组的成员们发出感慨："课程有很多做得很不错的企业，看他们的成长过程，他们的创意也许来自某次没有预设的聊天，他们团队的建立也许来自某些没有直接目的的活动，所有的成熟、成长都来自于开始行动，就是'创业行'。每一个创业者今天当笑话来讲的故事，都是他们当年经过艰苦卓绝的摸爬滚打。"

经过全体编写组5次研讨会，于2023年3月形成了书稿初稿。接下来的时光，交流讨论从未停歇，修改完善工作一直在进行，最终于2024年8月基本定稿。

真挚致谢

在过去的14年里，我们见证了"创办新企业"这门课不断地成长和发展。这本书是这门课程的一部分，记录了我们的经验、知识和故事，同时也是对我们一路走来的感慨和回顾。借此机会，要感谢为本课程及本书提供过帮助的所有人。

感谢清华大学研究生院、经管学院在开设本课程、成立大学生创业基地等方面的大力支持。

感谢学堂在线对本课程的推广，助力"创办新企业"成为全国首批精品在线开放课程。

感谢北京海兰信数据科技股份有限公司创始人申万秋，作为在清华创业园创业且第一个成功上市的创业者，创造性地提出开课建议并早期投入，拉开了本课程的帷幕。

感谢"创业很行"课程基金的出资人及出资机构——李春才、田雨、杨晓芳、陈霄、李云龙、吴君格、王洋、肖虎、北京启迪创业孵化器有限公司、启迪之星（北京）投资管理有限公司。

感谢清华科技园、中关村科技园区管理委员会、清控银杏创投、启迪之星、清控金信资本、弘毅投资、达晨创投、红杉种子基金、高榕资本、泰有基金、水木校友基金、源码资本、创业工场、华睿投资、盛景嘉成创投、德同资本、北极光创投、华山资本为本课程及本书提供人力、场地、资金等支持。

感谢"创办新企业"的所有选课学生，你们是这门课的生命力，你们的尝试和成长，是这门课继续开展并持续改进的动力。更要感谢接受调研与访谈的学生们，无论你们是否继续创业，与你们的再次连接都让我们充满感动。

感谢参与课程项目评审和辅导的业界专家——王峰、陈正男、宋阳、丛逸、刘也行、陈梦、崔敏、崔勇、万安、白璐、王子聪、唐科、尹颖、万胜东、郭旭凯、冯新、杨德智，为学生项目提供答疑辅导，并在答辩时担任评审嘉宾。

感谢课程所有的嘉宾老师，感谢你们百忙之中莅临课堂，为后辈指点迷津、答疑解惑，毫不吝啬地分享成功或失败的种种故事和经验，传递着创业的技能和经营的智慧。

感谢助教团队的同事，肩负着课堂中各种琐碎但重要的工作，成为这门课坚实又温暖的后盾。

感谢清华大学出版社对本书的支持，经管与人文社科分社刘志彬社长、高晓蔚编辑，对本书的框架和细节都给予了建设性的建议。